KB175992

지구 반바퀴 너머,
아르헨티나

일러두기

이 책은 아르헨티나를 다녀와서 느낀 이야기를 책으로 엮어낸 것입니다.
스페인어 현지인 발음에 가깝게 표기하되, 우리나라 철자 표기에 맞지 않아
입력이 곤란한 발음은 최대한 비슷한 글자로 옮겼습니다.
그리고 주요 지명과 인명 등은 알파벳을 병기하였습니다.

지구 반바퀴 너머,
아르헨티나

손주형 지음

　우리나라에서 지구 정중앙을 뚫고, 가면 아르헨티나가 나온다. 지구의 반대쪽이고, 지구 반바퀴 너머에 아르헨티나가 있다.

　경제가 어려워서 치안이 불안하다고 했지만, 아르헨티나 사람들은 편안하고 여유를 즐기면서 살고 있었다. 엄청나게 저렴한 스테이크, 여유로운 시간관념 등, 외부에서 보는 사람의 입장에서는 답답하리 만큼 부러운 것들이 정말 많았다.

　또한 멋진 서점과 극장과 같은 문화적인 공간, 무상교육, 무상의료, 사람을 먼저 생각하는 시스템에서 우리와 다른 사고와 공간이 지구 반대쪽에 있었지만, 아르헨티나의 역사 속에서 이들도 우리와 비슷한 어려운 시기와 힘든 나날들도 있었구나라는 동질감을 느끼게 되었다.

　스페인어라는 커다란 장벽으로 많은 이야기를 할 수 없었기에 어떻게 보면 주변을 빙빙 돌면서 아르헨티나 이야기를 적은 것 같다. 글들을 적기 위해 한국에서 찾을 수 없는 정보를 찾으러 해외사이트를 돌아다니면서 정확히 적기 위해 노력했다. 너무 민감하거나 내가 생각했던 모든 것을 적지는 못했지만, 작은 내용들이라 아르헨티나를 이해하는 데 영향을 미치지 않을 것이다.

이 책을 보시는 분들이 나의 이야기가 아르헨티나를 가기 전에 '이런 것도 있구나!'라고 알아주었으면 좋겠다.

아르헨티나는 많은 우리나라 사람들이 꿈을 찾아서 이민을 갔던 대표적인 나라 중에서 하나이다. 우리가 잘 살지 못했을 때, 새로운 미래와 희망을 찾아 지구 반바퀴를 돌아서 갔던 우리와 정반대의 시간과 계절, 생각의 기준이 있는 나라이다.

100년 전에는 수많은 유럽 사람들이 배를 타고 꿈을 찾아 도착한 곳이 아르헨티나였다. 어떻게 보면 수많은 이민자의 꿈으로 나라가 발전하였고, 꿈을 꾸었던 후손들이 즐거운 미소로 오늘도 살아가고 있다.

2014년 11월

손주형

PROLOGUE

몇 년 만에 가는 해외출장지로 아르헨티나는 너무나 멀다. 영화 〈에비타〉에서 보았던 'Don't cry for me, Argentina나를 위해 울지 말아요, 아르헨티나'라는 노래가 가장 많이 생각나고, 한 번도 가보지 못했던 남미 대륙이라는 것에 설레기도 하지만, 26시간 동안 비행기에 앉아 있어야 된다고 생각을 하니, 허리가 걱정이다.

예전에 독일을 거쳐서 아프리카 가나를 갔다 오면서 허리가 아프기 시작했는데, 그때보다 훨씬 긴 여정인데 긴 시간을 견딜 수 있을지 걱정이다.

아르헨티나 출장이 결정되고 아르헨티나와 관련된 여러 권의 책을 읽었다. 〈에비타〉, 〈부에노스아이레스에서 사랑에 빠질 확률〉이란 영화도 보고, TV에 방영되었던 아르헨티나 관련 프로그램을 찾아보면서 내가 가야 될 나라를 조금이나마 이해하려 했다.

출장일이 다가오니, 점점 가기가 싫어진다. 처음 간다고 생각할 때는 해야 할 일은 보이질 않고, 남미에 대한 호기심이 컸지만, 출발날짜가 다가올수록 업무에 대한 부담감이 밀려온다.

볼리비아(BOLIVIA)

칠레
(CHILE)

후마와카 협곡

파라과이
(PARAGUAY)

브라질
(BRAZIL)

이과수 폭포

살타

●산티아고 델 에스테로

코르도바

우루과이
(URUGUAY)

산티아고

멘도사

태평양
PACIFIC
OCEAN

부에노스
아이레스

몬테비데오

대서양
ATLANTIC OCEAN

칠레
(CHILE)

페리토
모레노
빙하

말비나스
(포클랜드)

우수아이아 (세계의 땅끝)

Contents

CHAPTER 3

진짜 아르헨티나를 만나다

CHAPTER 4

맛있는 아르헨티나

CHAPTER 5

소소한 부에노스아이레스

CHAPTER 6

멋진 부에노스아이레스

CHAPTER 11

아르헨티나 속의 사람들

CHAPTER 1

아르헨티나로
가자

출발

오전 9시 30분에 출발하는 에어프랑스 비행기를 타기 위해 7시에 인천공항에 도착했다. 정말 많은 사람들이 이른 시간이지만, 무엇이 그렇게 바쁜지 쫓기듯 움직이고 있다.

발권데스크에서 사람들 사이에 앉는 불편한 좌석의 탑승권을 받았다. 파리까지만 가는 것이라면 어떻게든 견디겠지만, 파리에서 부에노스아이레스까지 가야 되는데, 어떻게 견딜지 답답하다.

좌석을 발권해주는 직원이 인천─파리구간 좌석은 어쩔수 없으니 자동으로 배정된 파리부터 부에노스아이레스까지라도 좀 좋은 자리를 얻으려면 총괄 책임자에게서 좌석을 다시 배정 받으라 한다.

파리─부에노스아이레스 좌석을 다시 받으면서, 인천─파리 좌석도 변경이 가능한지 물어보았다. 한번 말을 해서 바꾸어 주면 좋고, 아니면 그냥 가야지 생각했는데, 의외로 좌석을 바꾸어주겠다고 한다.

왠지 편안한 좌석을 받으니 이번 여행이 잘 풀릴 것 같은 기대감이 몰려온다.

파리를 경유해서

　한국에서 아르헨티나까지는 비행기를 갈아타지 않고, 바로 가는 직항노선은 없고, 파리를 경유하는 유럽 노선이나, 두바이로 가는 중동 노선, 미국을 경유하는 북미 노선이 있다. 이번에는 파리를 경유하는 노선으로 가게 되였다.

　넓고 편안한 비즈니스석을 타고 가는 것도 아니고 좌석도 좁은 이코노미 좌석에서 26시간을 계속 앉아 있는 것보다 중간 경유지에서 잠깐이라도 쉬어 가는 것이 훨씬 덜 피곤하다. 우리나라 여권은 무비자 입국 가능한 국가가 많아서 경유지에 도착하면 바깥으로 나갈지 공항에 있을지 행복한 고민도 할 수 있다.

　경유지들로 알려진 공항은 대부분 선진국이라 한국교민이 하는 픽업서비스나 대중교통들을 이용하면 경유지만의 짧은 도시여행도 즐길 수 있다.

　물론, 공항에 있는 것보다 비용이 발생하지만 안전만 보장되면 잠깐이라도 시내에서 식사도 하고, 도시를 구경한 뒤 공항으로 들어오면 비행기에서 잠도 잘 오고, 도착지에서 시차적응도 빨리 할 수 있다. 이번 일정에서는 오후2시에 도착해서 자정에 출발하는 비행기이어서 인터넷에서 찾은 파리에 살고 있는 교민과 연락해서 파리 시내를 잠깐 둘러보았다.

몇 시간의 파리 여행을 하고 다시 비행기를 타고 목적지인 아르헨티나 부에노스아이레스로 간다.

비행기로 26시간

   한국에서 파리까지 12시간 정도 비행기를 탔고, 이제 다시 14시간 걸리는 비행기를 타고 있다. 인천공항에서 복도쪽 편안한 좌석을 받아왔지만 파리에서 비행기를 타기 직전에 무슨 문제가 생겼는지, 옆에 2명이 일어나야 겨우 화장실에 갈 수 있는 불편한 창가 좌석으로 다시 배정 받았다. 허리가 조금이라도 덜 아프려면 몇 시간마다 한 번씩은 일어나서 움직이면 훨씬 좋은데, 옆에 두 사람이나 앉아 있으니 꼼짝없는 감옥 신세이다.

   시차적응을 위해 파리에서는 피곤해도 잠을 자지 않는데, 좌석이 불편해서인지 3시간밖에 잠을 자지 못했다. 옆에 사람이 있고, 계속해서 움직이지 못하니, 답답하고 불편해 미칠지경이다. 앞으로 8시간이 남았는데 어떻게 앉아 있을지 걱정이다.

   아르헨티나가 가까워질수록 무슨 일을 해야 할지, 내가 예상하지 못한 것들이 얼마나 일어날지 스트레스가 밀려오기 시작한다. 주로 가는 해외출장은 개발도상국이어서 한 번도 가보지 않은 나라가 대부분이다. 전혀 모르는 사람과 낯선 문화를 만나서 체류기간 동안 계획했던 모든 일을 마치려면 예상치 못한 약속차질이나, 잘못된 정보를 대처할 시간적 여유가 없다.

스케줄이 한번 꼬이기 시작하면 오늘 못 한 일을 내일 하는 것이 정말 쉽지 않다. 한국처럼 결정을 내릴 때 상의하거나 도움받을 사람이 많지 않으니, 일이 생길 때마다 신속하게 결정을 내리고 바쁘게 뛰어다녀야 겨우 귀국날짜에 모든 일을 마칠 수 있다.

이번 출장은 무슨일이 생길지 모르겠지만, 피할 수 없다면 즐기자.

CHAPTER 2

올라!
아르헨티나

도착

　도착할 때가 다 되어가는지 아침식사가 나오기 시작했다.

　하늘에서 본 부에노스아이레스 모습은 평화롭다. 비행기 좌석 모니터로 어두울 때 아르헨티나 상공에 들어왔는데 세계에서 여덟 번째로 큰 나라답게 부에노스아이레스까지 몇 시간이나 걸렸다. 한국 시간으로 어제 새벽 5시에 집에서 나서서 다음 날 저녁 8시에 부에노스아이레스 에세이사Ezeiza 국제공항에 도착했다. 거의 30시간 만에 지구 반바퀴를 돌아서 아르헨티나에 온 것이다.

　입국신고에 필요한 입국신고서를 나누어줄 것이라 생각했지만, 아무런 종이양식도 없이 여권, 사진 촬영과 지문 등록을 하고, 어느 호텔에 머물 것인지 말하니 아르헨티나 입국수속이 끝났다. 입국절차는 너무나 간단했다.

　서울은 지금 저녁 8시이고, 봄에서 여름으로 가고 있지만, 부에노스아이레스는 아침 8시, 가을에서 겨울로 가고 있는 중이다. 조금 싸늘한 아침공기를 받으며 나온 공항은 선진국의 위용을 가진 나라답게 예전에 다녔던 아프리카와 달리 잘 정돈된 느낌이다.

기다리게 만들면 공짜

우리를 마중 나오신 분의 차에 짐을 싣고, 시내로 출발했다.

공항 주차장에서 주차비를 계산하기 위해 기다리는데, 자동차 경적 소리가 뒤쪽에서 울리기 시작했다. 마중 나오신 분이 아르헨티나에서는 고속도로 요금소나 공영주차장 같은 곳에서 기다리는 사람이 너무 많으면 교통정체가 발생하지 않도록 공짜로 보내준다고 했다. 지금처럼 차가 조금만 밀리면 기다리는 사람들이 "차가 밀렸잖아. 공짜로 빨리 보내줘"라는 신호로 경적을 울린다고 한다.

우리나라 같으면 상상도 못 할 일이다. 많은 사람이 기다린다고 공짜로 보내준다면, 주차장이나 요금소는 어떻게 돈을 버느냐 하겠지만 주차장이나 요금소를 만들 때부터 사람들이 갑자기 몰리는 것을 고려해서 시설물을 만들어야 된다는 것이 이곳의 논리이다.

도착하자마자 주차장에서부터 우리와 다른 문화를 만났다. 앞으로 '다른 문화와 생각들을 얼마나 많이 겪게 될까'라는 생각이 불현듯 밀려왔다.

하지만 다른 것일 뿐 그것이 틀린 것이 아니다.

부에노스아이레스

부에노스아이레스는 '아름다운 공기'라는 뜻의 스페인어가 도시이름이 된 것이다.

거리의 모습은 파리와 매우 비슷한 느낌이다. 어떻게 보면 유럽의 파리를 거쳐 남미의 파리를 넘어온 것이다.

거리에서 차가 신호등에 잠깐 섰는데 초등학생쯤 보이는 불법이민자들의 아이들이 횡단보도에서 테니스공으로 저글링을 하면서 돈을 벌려는 모습이 보였다.

  최근 아르헨티나 경기가 나빠지면서, 수많은 불법이주자와 아르헨티나 빈민들은 일자리를 찾지 못해, 길거리에서 헤매고 있는 모습을 쉽게 볼 수 있다고 한다.

  100년전에는 수많은 유럽이민자들의 땀으로 이루어진 도시인데 지금은 주변국가에서 몰려온 이주자들이 건설현장과 수 많은 힘든 일을 하고 있다. 주변국가에서 오는 불법이주자들에게도 무상의료와 무상교육이 적용되니 돈을 벌 수만 있다면 나쁜 지역은 아닌것 같다.

  이곳의 명절인 부활절에 도로에는 차들이 보이지 않고 텅빈 도시처럼 느껴졌다. 비행기를 타고 온 피곤함으로 빨리 호텔에 가서 자고 싶은 생각뿐이다.

아사도Asado 점심

호텔에 짐을 풀고, 무거운 몸으로 점심을 먹으러 나가기로 했다. 점심보다는 잠을 자고 싶지만, 낮잠을 자면 시차적응이 불가능할 것 같아서 무조건 밖으로 나와서 움직이기로 했다. 호텔이 부에노스아이레스 최대 번화가인 플로리다 거리와 가까운 곳이라 식당을 찾아 걸어 나갔다. 10분 정도 걸어, 좀 괜찮아 보이는 식당에 들어갔다.

아르헨티나 첫 식사메뉴로 스테이크와 아사도로 결정했다. 아사도는 아르헨티나 목동들인 가우초gaucho가 즐겨먹던 전통 요리로 소금으로 간을 한 소고기 갈비뼈 부위나 어린 돼지 한 마리를 숯불이나 그릴에 몇 시간 동안 은근히 구워서 고기 특유의 맛을 느낄 수 있는 요리이다.

유명한 것에 비해 아사도는 고기에 붙은 그을림으로 보잘것없어 보였지만, 맛을 느끼기 힘든 피곤한 상태에서도 맛이 없다는 생각이 들지 않았다.

앞으로 얼마나 많은 아사도의 스테이크를 먹을지 기대가 된다.

잠이 오질 않는다

　점심을 먹고 호텔 주변 플로리다 거리를 한두 시간을 구경하다 돌아와서 잠깐 낮잠을 잤다. 비행여정이 너무 피곤해서 호텔식당에서 저녁을 간단하게 먹고 10시쯤 잠자리에 들었지만, 새벽2시에 깨었다.

　한국과 정확히 12시간이 바뀌니, 밤과 낮이 바뀌어 버렸다. 한국시간으로 낮 2시니, 잠에서 한번 깨니, 좀처럼 잠이 오질 않는다.

　아침에 국내선 공항으로 가서 비행기를 타고 이동해야 하는데 피곤의 연속이다. 30시간만에 아르헨티나에 도착했는데 2시간 동안 또 국내선 비행기를 타야 된다.

　국제선 비행기는 수화물이 23kg까지 가능했는데 아르헨티나 국내선은 15kg밖에 부치지 못한다고 한다. 한국에 출발때 짐을 많이 가져오지 않아서 다시 가방을 쌀 필요가 없어서 다행이다.

　창문을 열어보니 밤공기가 정말 시원하고 상쾌하다.

CHAPTER 3

진짜 아르헨티나를
만나다

국내선 공항

오늘은 부에노스아이레스 시내에 있는 호르헤 뉴베리Jorge Newberry 국
내선 공항에서 산티아고 델 에스테로Santiago del Estero라는 곳까지 비행기
로 이동한다. 어제 도착했던 국제선 공항과 달리 국내선 공항은 시내
에서 차로 10분 정도 걸리는 가까운 곳에 있다.

　공항내부로 들어가는 보안수속은 그렇게 심하지 않았고, 발권데스크에서 탑승권을 받아, 좌석을 배정 받았다.

　공항 약국에 들러 한국에서 사용하던 칫솔을 한국과 비슷한 가격으로 샀다. 공항 안에 있는 쇼핑구역을 둘러보았지만 살 만한 물건은 없었고 수제 초콜릿을 파는 가게가 인상적이었다.

　관광지가 아닌 지방 도시로 가는 비행기는 한 줄에 6좌석이 있는 제트 비행기로 조금 작았지만, 좌석도 편안하고, 깨끗하고 좋았다. 그렇지만 왕복 비행기표 가격이 삼십만원이 넘었다.

　남한 면적의 28배나 되는 나라이니 이동을 비행기로 해야 될 정도로 정말 넓은 나라 같다.

산티아고 델
에스테로 공항

드디어 산티아고 델 에스테로Santiago del Estero 주 공항에 도착했다. 아르헨티나의 23개 주provincia 가운데 살타Salta와 산타페Santa Fe와 같은 잘 사는 주와 달리 산티아고 델 에스테로 주는 재정이 열악한 주 가운데 하나이다. 목축업을 주로 하는 전형적인 아르헨티나 시골 지역이다. 우리나라로 치면 도 단위이지만, 부에노스아이레스 시와 부에노스아이레스 주로 이루어진 수도권에 인구의 70%가 살고 있기 때문에 그 밖에 다른 지방은 사람들이 많지 않다.

비행기가 착륙하니 시골답게 공항은 한산했다. 부에노스에서 오는 비행기 말고는 도착할 비행기가 없어 보였다. 1층짜리 단층 공항 건물에 전투기 몇 대와 헬리콥터가 보였다. 연결되는 탑승로는 따로 없고 철제 계단으로 내려서 앞에 보이는 공항 건물로 걸어서 짐을 찾는 곳으로 왔다.

공항 밖을 나와보니 낮 12시이지만, 사람들은 거의 보이지 않고, 허허벌판인 넓은 땅만 보였다.

이제 진짜 아르헨티나 목장 지역인 시골로 들어왔다.

가스 · 휘발유 겸용 택시

공항에서 200km가 떨어진 곳에 예약한 호텔이 있어, 택시를 타고 가기로 했다. 서울과 대전160km보다 더 먼 거리지만, 택시비는 720페소 약 72,000원이라니, 우리와 거리를 생각하는 차원이 다른 것 같다.

택시를 1시간 정도 타고 가다가 가스 충전소에서 가스CNG를 충전했다. 택시부터 조그마한 픽업트럭까지 다양한 차량들이 가스를 넣고 있었다. 한국에서 압축천연가스를 CNGCompressed Natural Gas라는 영어약자를 사용하지만 스페인에서는 GNCGas Natural Comprimido로 우리와 글자방향을 다르게 사용했다. 가스를 넣고 30분 정도를 달리다가 주유소로 들어가 택시에 휘발유를 넣었다. 가스를 넣은지 30분도 되지 않았는데 왜 휘발유를 넣는지 의아했는데 스페인어가 되지 않으니 택시기사에게는 물어보지 못했다. 나중에 이곳에 사는 분에게 물어보니 저렴한 가스와 휘발유를 같이 사용하도록 자동차를 개조한다고 한다.

휘발유 가격도 1리터에 10페소약 1,000원 정도여서 한국보다는 훨씬 저렴했다.

시골 호텔

　택시로 2시간을 달려서 호텔에 도착했다. 부에노스아이레스에서 출장지까지 비행기로 2시간, 차량으로 2시간이 걸린 것이다. 중간에 비행기를 기다린 시간 등을 계산하면 반나절동안 이동한 것이다. 산티아고 델에스테로 주도주의 수도에서도 떨어진 한적한 마을이지만 호텔은 생각보다 넓고 깨끗해서 좋았다.

　얼마 전까지만해도 이렇게 좋은 호텔이 이곳에 없었는데, 최근 이 지역이 개발되면서 주변도시나 부에노스아이레스에 살고 있는 농장주들이 왔다 갔다 하는 일이 많아져서 호텔이 새로 생겼다고 한다.

　아르헨티나 개인 농장주들은 보통 여의도 면적2.9ha의 수십에서 수만 배가 되는 농장을 가지고 있다. 수백 헥타르ha: 100m×100m 정도의 아주 작은 농장을 제외하면 대부분 농장주인은 농장에 살지 않고, 현지 관리자와 농업회사에서 대부분 관리한다. 최근 곡물가격 상승으로 농장주들이 많이 움직여서 지방도시에도 새로운 깔끔한 호텔이 생긴 것이다.

　농업 선진국답게 국제 곡물 가격이나 소고기 가격에 따라 경제상황이 좌우되는 것 같다.

땅이 넓은 만큼
모기도 많다

시골 지역인 산티아고 델 에스테로 지역에서는 광활한 목초지가 도로 옆에 널려 있고, 100km정도 떨어진 곳은 바로 옆 동네같이 생각한다. 어디 갔다 오려고 해도 거리가 우리의 10배 이상은 돌아다녀야 한다.

인구가 작아서 시내에서는 몇 개 되지 않는 가게들이 모두 몰려 있지만, 워낙 인구밀도가 낮은 나라이기에 도시도 듬성듬성 만들어졌다.

농장지역에 들어가면 모기들도 먹을 것이 없어서인지, 사람만 나타나

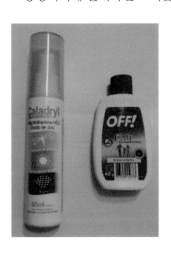

면 엄청나게 몰려들었다. 얼굴과 손, 피부가 노출된 곳은 물론 옷 위까지 이곳저곳을 달라붙었다. 어떻게 보면 모기에겐 오래간만에 만난 식사감이 한번씩 나타나는 사람인 것이다.

농장에서 모기에 이곳저곳을 물려서 약국에서 모기퇴치 로션과 벌레 물렸을 때 바르는 스프레이를 샀다. 모기퇴치

로션은 효과는 있었지만, 옷을 뚫고 오는 모기 앞에서는 어쩔 수가 없어서, 옷에도 모기퇴치 로션을 바르니 훨씬 효과가 좋았다. 이 넓은 초지에 있는 웅덩이를 없앨 수도 없는 상황이고, 사람이 살기 좋은 기후를 가진 만큼 모기도 엄청나다.

시에스타, 아르헨티나가
잠자는 시간

오후에 약속 잡기가 힘들다

지방 관공서는 오전 8시부터 오후 1시까지만 문을 열고, 심지어 번화가에 있는 가게들도 오전에 문을 열어서 1시까지 영업을 하고, 중간에 문을 닫았다가 오후 5시경에 다시 문을 연다.

시에스타Siesta는 스페인에서 유래된 오후 낮잠 시간이다. 귀족들이 밤늦게까지 놀다가 아침에 일어나 일을 좀 하다가 점심을 먹고 잠시 눈을 붙이는 문화에서 유래되었다고 한다. 귀족이 아니더라도 더운 오후 시간 동안 낮잠을 자는 것이 훨씬 건강에도 도움이 되겠지만 이런 오랜 관습으로 오후 2~3시가 되면 도시 전체가 조용하다. 전부 다 잠을 자러 가거나 휴식을 취하러 간 것이다.

부에노스아이레스는 이런 시에스타를 느낄 수 없지만, 지방에서는 거리에 돌아다니는 사람이 없으니, 상점이 문을 열 필요가 없는 것이다.

날씨가 더워지면 오후 시간에 돌아다니는 것도 힘들고, 점심만 먹고 나면 복잡했던 도시 전체가 한밤중이 된 것처럼 조용하다. 이곳에 와서 가장 먼저 적응되는 것은 낮잠 시간이다. 중간에 잠을 자고 오후 5시가 넘어가면 또 약속이 생긴다.

저녁식사는 9시부터

산티아고 델 에스테로에 온지 일주일이 되어가니, 아침에 일을 하고 점심을 먹고 낮잠을 자고, 오후 4시나 5시부터 다시 일을 한다. 저녁식사 시간은 9시부터 시작되고, 저녁 9시 이전에 식당에 가보았자 문을 열지 않으니 빨리 갈 필요가 없다.

언제 올지도 모를 우리 같은 외국인을 위해서 식당들이 빨리 영업을 시작하지 않으니, 현지 저녁 시간에 맞추어서 갈 뿐이다. 9시에 식당에 가는 것도 우리나라로 보면 오후 5시쯤에 저녁을 먹으러 가는 것과 비슷하다.

식당에 가면 주문을 받는 데 10분, 음료수를 가져다주는 데 10분, 샐러드 같은 음식을 가져다주는 데 20분, 이렇게 있다 보면 식당에 들어와 한 시간 정도는 지나야 메인 음식을 먹을 수 있다.

식당에서 기다리면서 이런저런 이야기가 시작되고, 스테이크와 같이 고기요리를 먹으면서 11시를 넘기면서 저녁식사를 마치는 것이 전혀 이상하지도 않다.

점점 적응할수록 와인이나 맥주를 곁들인 식사가 훨씬 여유롭고, 서로 이야기를 많이 하는 저녁시간을 즐기게 된다.

시속 150km 정도야

시골 지역의 멀리 떨어진 거리만큼이나 생소한 것이 자동차 속도이다. 개인이 가진 농장 길이가 10km가 훨씬 넘으니 100km라고 해 보았자 농장 5~6개 정도만 지나가면 된다. 이런 상황이니 50km 정도의 떨어진 식당은 아주 가까운 식당이라고 생각한다. 식당이나 호텔, 어느 약속장소로 갈 때도 워낙 멀리 떨어져 있으니, 자동차들이 엄청난 속도로 달린다.

시내를 제외하고는 걸어서 어디를 간다는 것을 상상할 수가 없고, 평평한 평지이니 지평선은 언제든지 볼 수 있다.

차를 타고 움직일 때 시속 130km로 달리는 경우는 일반적이고, 시속 160km를 넘기는 경우도 허다하다. 워낙 곧게 뻗어 있는 도로에 차가 없고 고속으로 차가 달리니, 빨리 달려도 그렇게 속도를 내는지도 잘 모를 지경이었다.

거리에 따라 속도의 개념도 달라진다는 것을 느낀다.

흰색 가운 교복

가게들이 몰려있는 시골동네 타운town으로 점심을 먹으러 가면 흰색 가운을 입은 학생들이 오토바이를 타거나 여러 명이 같이 움직이는 모습을 보였다. 학교를 마치고 집으로 가는 공립학교 학생들이다.

아르헨티나는 초등학교 7년, 중학교 5년의 교육시스템으로 되어있고, 보통 12시 정도면 학교를 마친다. 공립학교는 공짜이지만, 중상류층 사람들은 자녀들을 사립학교로 보낸다. 사립학교 교육비는 학교에 따라서 천차만별이지만, 공립이 공짜이니 사립학교라고 하더라도 한국에 비하면 엄청나게 저렴하다.

대학도 사립과 공립으로 나눌 수 있지만, 부에노스아이레스 대학은 알아주는 명문대학이다. 고등학교 정규교육을 마치면 누구나 부에노스아이레스 대학에 입학은 가능하지만, 예비교육 과정에서 80% 학생이 그만둔다고 한다. 정규코스에 들어가면 남아 있는 사람 중 80% 정도가 다시 중간에 그만두어서, 100명이 대학에 입학해도 10명도 안 되는 사람이 졸업하는 것이다.

공립대학은 학비가 공짜이지만, 책이나 생활비 때문에 지방출신이나 돈 없는 사람들은 대학 다니기도 쉽지 않다고 한다.

마테Mate차

마테차는 아르헨티나의 국민차로 유명하다.

평상시에는 모르겠지만, 사람들이 가지고 다니는 조금 이상한 가방이나 사무실 한편에 놓여 있는 마테 찻잔, 운전하는 사람이 마시는 것을 유심히 보면 마테차를 마시는 사람이 생각보다 많다는 것을 알 수 있다. 마테를 마시고 싶다고 식당에서 주문하면 우리나라 녹차처럼 가져다주지 않는다.

마테는 인디언 원주민의 말로 '작은 호박'이라는 뜻을 가진 차를 마시는 '통'을 의미한다. 이 통에 마테 잎을 넣고 더운물을 부어 마신다. 마테 잎은 이구아수폭포 주변이 주요 산지로 아르헨티나, 브라질, 파라과이, 우루과이 등에서도 즐겨 마시고, 각종 비타민, 인, 철분과 칼슘이 풍부해 건강에 좋은 차로 알려졌으며 기호에 따라 설탕을 넣어서 마시기도 한다.

마테차는 마테 잔에 달린 빨대봄비야로 주변에 있는 여러 사람과 돌려가면서 마시는 사회적 음료이다. 주인이 먼저 마테차를 한 모금 마시고, 다른 사람과 같이 돌아가면서 마시는데 마지막에 주인이 마시면 된다고 한다.

나에게도 마테차 통을 주면서 마셔라고 하였지만, 한개 빨대에 입을 대고 마시는 것이 어색해서 사양을 했다.

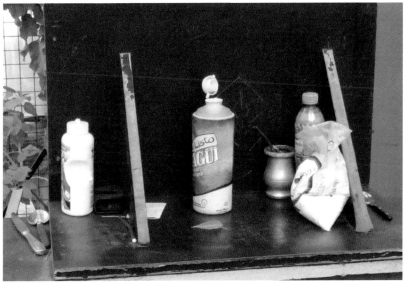

뜨거운 물 자판기

주유소 구석에 마시는 물을 판매하는 자판기가 있어서 자세히 보니 뜨거운 물 자판기였다. 동남아에서는 깨끗한 식수를 판매하는 자판기를 보았지만, 뜨거운 물 자판기는 처음 보았다.

뜨거운 물 자판기는 마테차를 좋아하는 아르헨티나 사람들에게 특화된 기계이다. 넓은 아르헨티나의 도시들을 많은 트럭기사들이 이동하기 때문에 마테차를 마시기 위한 보온병에 뜨거운 물을 사서 보관했다가 운전하면서 마테를 달여 마시는 것이다.

한국교민들은 뜨거운 물 자판기에서 컵라면을 먹기 위한 뜨거운 물을 사서 간단한 식사를 한다고 한다. 멀리 여행을 할 때 주유소만 들어가면 뜨거운 물이 있으니 언제든 컵라면을 먹을 수 있다.

　　지방 주유소는 우리나라 휴게소와 같이 편의점과 간이식당이 대부분 있다. 편의점에서는 음료와 과자, 빵과 간단한 먹거리도 팔고, 식당에서는 아침식사와 커피 같은 것들을 팔고 있어 주유소에서 간단한 식사가 가능하다.

평화로운 시골 지역

아르헨티나는 연방정부이기 때문에 주마다 법이 따로 있고, 땅이 넓은 나라이니 자연조건이나 상황에 따라 특색이 있다. 산티아고 델 에스테로 주는 유명한 관광지는 없지만, 도시 전체가 100년 전의 도시처럼 역사 유적 같다. 호텔도 최소 30~40년 된 것 같고, 시내에 있는 건물들도 오래된 건물을 개조해서 사용하고 있었다.

엉화 속에 나올 것 같은 고풍스러운 도시를 걸어가면 사람들의 미소나 일상의 모습을 보면 선한 사람들 주변에 있다는 편안함을 느낀다.

아르헨티나에서 치안을 조심하라고 했지만, 부에노스아이레스가 아닌 이곳에서 시내를 걸어 다니는 것은 너무나 평화롭다. 부에노스아이레스에서 느껴지는 긴장감이 사라지는 시골 마을이 정말 좋다.

계속 이런 곳에 살아야 된다면 저녁마다 친구들과 와인과 마테차를 마시면서 이야기하는 것이 삶의 즐거움이겠지만, 이 사람들처럼 살아가기엔 나는 너무 바쁘게 사는 것 같다.

CHAPTER 4

맛있는
아르헨티나

엠빠나다Empanada

엠빠나다Empanada는 '빵에 넣는것'이라는 의미로 밀가루 반죽에 소고기, 닭고기, 햄, 치즈 같은 속을 채워 말아서 오븐에 구워서 먹는 아르헨티나의 대표적인 음식으로 한국의 군만두와 비슷하다.

엠빠나다는 원래 스페인 북부 지방의 음식이지만, 스페인의 식민지였던, 아르헨티나, 페루, 에콰도르, 베네수엘라, 칠레, 엘살바도르 등의 중남미 여러국가에서 간식, 주식, 후식으로 널리 퍼져있다.

고급 레스토랑에서는 메인 요리가 나오기 전에 식전 요리같이 공짜로 주기도 하지만, 엠빠나다를 전문적으로 판매하는 식당도 있다.

엠빠나다 전문점에서는 야채, 옥수수, 오징어, 모짜렐라 치즈, 양파 등을 속으로 넣어 다양한 엠빠나다를 팔기도 하지만, 일반적으로는 소고기와 치즈로 속이 채워져 있는 것을 판다.

오븐에 구운 것들은 우리나라 군만두와 매우 비슷하고, 맛들도 다양해 계속 먹어도 전혀 질리지 않는다.

비스텍Bistec, 스테이크

아르헨티나에서 가장 많이 먹는 메뉴는 스테이크이다. 한국인이 좋아하는 스테이크로는 Bife de lomo안심 스테이크, Bife de chorizo등심 스테이크이다. 워낙 영어가 통하지 않으니 식사를 하러 갈 때 기본적인 스페인어 단어는 알고 가는 것이 편하다.

초원에서 방목하면서 풀을 먹으며 자란 소이기에 마블링은 없지만, 한국보다 어린 송아지를 스테이크로 먹기 때문에 생각보다 훨씬 부드럽다.

내가 좋아하는 Bife de chorizo등심 스테이크는 시골 레스토랑에서 6,000원 정도, 부에노스아이레스 고급식당에서도 20,000원이면 한국보다 1.5배 이상 큰 두꺼운 스테이크를 먹을 수 있다.

백화점 푸드 코트에서도 스테이크를 판매하는 곳이 있을 정도로 스테이크는 일반적인 음식이다. 아사도가 특별한 식사라면 스테이크는 상대적으로 저렴하면서 쉽게 먹는 메뉴이다.

말벡Malbec 와인Vino

아르헨티나는 프랑스, 이탈리아, 스페인, 미국에 이어서 세계 5위 와인 생산국이다. 낙후된 양조기술과 자본열세로 세계에 널리 알려지지 않았다. 옆나라인 칠레가 발빠르게 세계 수출시장을 진입하였으나, 칠레보다 5배나 많은 와인을 생산하고 있어 자본이 합쳐지면 세계 와인 공급시장에 진입할 것으로 관심을 받고 있다. 많은 와인을 생산하지만, 내수용으로 많이 소비하고 있다.

스페인어로 붉은 포도주는 '비노틴토vino tinto', 흰 포도주는 '비노 블랑코vino blanco'라고 한다. 아르헨티나는 안데스산맥 주변에서 말벡 품종의 포도를 주로 재배한다. 말벡은 원래 유럽에서 널리 재배되던 품종이었지만, 병충해에 약해서 이제 유럽에는 얼마 남지 않았다. 병충해가 적은 멘도사Mendoza 주변 지역이 해발 900~1,100m의 산악성 기후로 포도 재배에 천혜 환경을 가지고 있어, 말벡 와인의 주요 생산국이 되었다.

말벡 와인은 달콤하거나 신선한 맛보다는 구운 냄새가 나고 독특한 향이 있다. 처음에는 조금 거부감이 있었지만, 스테이크를 먹을수록 말벡 와인이 아주 잘 어울린다는 것을 느낄수 있다.

고급와인은 코르크 마개로 되어 있고, 저렴한 와인은 철제 병뚜껑을
사용한다. 일반 레스토랑에서도 만 원이면 와인 한 병을 나누어 마실 수
있다.

낄메스Quilmes 맥주

맥주로 유명한 낄메스는 부에노스아이레스에 있는 지역 이름이다. 독일에서 이주 온 사람이 1888년에 아르헨틴 주조Argentinie Brewery 회사를 만들어 맥주 생산을 시작했고, 1920년대에 급속한 성장을 이뤄 아르헨티나의 대표 맥주가 되었다. 축구 국가대표팀의 스폰서이기도 한 낄메스는 맥주라벨도 아르헨티나를 상징하는 흰색과 푸른색으로 되어 있다.

현재 낄메스는 아르헨티나 맥주시장의 70% 이상을 차지하고 있으며, 멘도사, 뚜꾸만 등 아르헨티나 여러 도시와 페루, 에콰도르, 멕시코, 미국, 스페인, 프랑스, 영국, 이탈리아, 오스트리아 등 남미와 유럽 여러 국가에서도 생산되거나 수출하고 있다.

특이한 것은 식당에서 맥주를 시키면 한 병만 시켜도 2, 3명은 충분히 나누어 먹을 수 있는 1리터짜리 병맥주가 나온다. 식당에서 맥주를 시키면 대부분 낄메스를 주지만, 살타, 낄메스 흑맥주 같은 다른 여러 맥주도 있다. 낄메스 외에도 다른 맥주도 독특한 맛이 있으니, 여러 나라의 다양한 맥주를 마셔보는 것도 나름 재미가 있다.

초리소Chorizo와
모르시야Morcilla

초리소는 돼지고기와 각종 허브와 같은 향료로 만든 스페인식 소시지
이다. 모르시야는 검은색 소시지같이 생겼는데, 순대와 같이 돼지 피와
고기, 양파, 쌀과 같은 곡물과 양념을 넣어서 만든다. 초리소와 모르시야
는 일반 가정집에서도 직접 만들어 가정마다 특색 있는 맛을 가지고 있
는 우리의 김치와 같은 음식이다. 소시지 같아서 굽거나 튀기면 별 거부
감 없이 맛있게 먹을 수 있다.

레스토랑에서 구운 내장 부위와 초리소, 모르시야, 아사도를 같이 주
는 세트 메뉴도 있다. 튀긴 것보다는 구운 것들이 훨씬 맛있고, 소시지
같은 초리소보다 피순대 같은 모르시야가 입맛에 맞았다.

초리소는 거리의 먹거리로도 쉽게 먹을 수 있다. 구운 소시지를 넣어
서 딱딱한 빵에 넣어서 케첩이나 머스터드소스를 뿌린 초리판choripan이
나, 삶은 소시지를 부드러운 빵에 넣어서 소스를 뿌려주는 판초Pancho는
저렴한 대중적 음식이다.

피자와 파스타

　모든 식사를 스테이크만 먹을 수 없으니, 아침은 호텔에서 빵을 먹고, 점심은 스테이크를 먹고, 저녁은 피자나 파스타로 하루 식단이 대부분 결정된다. 가끔 한식당과 일식당, 중식당에서 먹기도 했지만, 일반적인 레스토랑에서 먹을 수 있는 메뉴는 몇 개가 되지 않는다.

　피자는 다양한 토핑과 치즈가 듬뿍 얹혀 있고, 해산물 스파게티보다 소고기에 관련된 스파게티 종류가 더 많다. 고기가 적게 들어간 음식으로 식사를 하려면, 피자나 파스타를 먹을 수밖에 없다.

　이탈리아 사람들이 이민을 많이 와서 맛있는 피자와 파스타를 먹을 수 있어 다행이다.

원형이나 사각형으로 자른 파스타 반죽안에 치즈, 채소, 고기등의
다양한 속재료로 채운 라비올리ravioli도 먹을 수 있다.

빠에야 Paella

아르헨티나에서는 돼지 앞다리를 염장한 하몽, 빠에야 같은 스페인식 요리를 쉽게 먹을 수 있다. 빠에야는 손잡이가 양쪽에 달린 얇은 둥근 모양 프라이팬 이름에서 유래되었다. 프라이팬에 고기나 해물, 야채 등을 볶아서, 쌀과 미리 만들어 놓은 육수를 넉넉히 부어, 사프란과 같은 향신료를 넣고 뚜껑을 덮어 뜸을 들인 스페인 요리이다.

소고기에 빵을 주로 먹다가 밥을 주요리로 먹으니 꼭 볶음밥을 먹는 듯한 느낌이 든다. 고추장이 있다면 빠에야에 비벼서 먹으면, 피곤할 때 힘이 날 것 같다. 고추장이 없다면 나름 매운맛을 내는 칠리소스들도 있으니, 어느 정도 매운맛을 느낄 수 있다.

매번 식사 때마다 느끼는 것이지만, 맛있어도 메뉴가 너무 단조롭다.

엘라도 Helado

시내를 돌아다니다 보면 가장 많이 보이는 가게 중에 하나가 아이스크림 가게이다. 물가에 비해 저렴하지는 않지만, 배달도 할 정도로 사람들이 좋아하는 메뉴이다.

젤라또로 유명한 이탈리아사람이 이민을 오면서 맛있는 아이스크림이 아르헨티나에 자리를 잡았다. 이탈리아 젤라또에 비해 아르헨티나 아이스크림엘라도은 공기가 적게 들어가 있어서 더 풍부한 맛을 내고 크림 함유량이 적어 부담없는 맛이라고 한다. 엘라도는 종이컵으로 먹는 것보다 쿠쿠루초cucurucho: 콘로 먹는 것으로 유명하다.

단맛에 익숙하지 않은 사람들은 너무 달아서 먹기가 힘들수도 있다. 상대적으로 단맛보다는 신맛이 많은 리몬레몬이 오히려 입맛에 맞았고, 캐러멜 맛과 비슷한 둘세데레체, 초코도 맛있지만, 너무 달아서 나에게는 맞지 않았다.

아구아? 신가스? 꼰가스?

한국에서는 음료수 없이 식사를 하는데 서양쪽 문화는 대부분 음료수와 식사를 별도로 주문을 한다. 어떻게 보면 우리는 식당에 들어가면 물통은 그냥 가져다 주는 것을 보면 주문만 하지 않았지 먹는것은 비슷한 것 같기도 하다.

레스토랑에 들어가면 음료를 먼저 주문하고, 음식을 주문한다. 음료를 주문할 때에는 아구아agua, 물, 신가스sin gas, 꼰가스con gas, 세르베사cerveza, 맥주, 비노vino, 와인, 꼬까coca, 콜라, 환타 같은 탄산음료를 선택하면 된다.

물agua을 시키면 항상 '꼰가스, 신가스'라고 식당 종업원이 물어본다. 꼰가스con gas는 가스가 있는 탄산수를 이야기하며, 신가스sin gas는 가스가 없는 일반 생수를 이야기한다.

유럽의 영향인지 생각보다 탄산수를 많이 마시기 때문에 아구아생수를 시킬 때는 꼰가스탄산수와 신가스일반생수까지 생각하는 것이 바로 대답을 할 수 있다.

생수도 우리나라와 다른 점은 조금 짠맛이 있어서 물을 마셔도 갈증이 완벽하게 해소되는 느낌이 덜하다. 무기물들이 많이 들어가 있어 몸에는

좋겠지만, 좀 짜게 느껴져서, 깔끔한 물맛에 익숙한 우리나라 사람에게
는 조금 거북할 수도 있다.

가격이 비싸면서 가장 대중적인 비야비센시오villavicencio 생수는 짠맛이
나기 때문에, 조금 저렴하지만, 만년설 그림이 있는 ECO de los Andes에
코 데 로스 안데스 생수가 훨씬 입맛에 맞다. 생수 맛이 이상하면 상표를 바
꾸어보는 것도 한 가지 방법이다.

탄산수도 고기를 먹을 때는 나름 깔끔한 맛이 있으니, 마셔볼 만하다.

둘세데레체 Dulce de leche

　둘세데레체는 달콤한 우유라는 뜻으로 캐러멜 잼과 비슷하다. 캐러멜은 설탕과 버터, 물엿, 생크림을 주재료로 만들고, 둘세데레체는 우유에 설탕을 넣고 오랫동안 가열하여 갈색으로 된 것으로 맛이 다르다. 둘세데레체는 빵에 발라 먹기도 하고, 과일과 함께 먹기도 하고, 아이스크림, 케이크 등으로 먹기도 한다.

　둘세데레체는 1829년부터 1852년 동안 아르헨티나 독재자 후안 마누엘 데 로사스Juan Manuel de Rosas의 저택에서 일하던 하녀가 우유에 설탕을 넣고 실수로 불에 오랫동안 올려놓았다가 둘세데레체를 발명하게 되었다고 한다. 실수의 결과가 맛있는 잼을 만든 것이다.

　아침에 토스트를 먹을 때 조금씩 발라 먹으면 왠지 모르는 중독성이

있고, 커피에 넣어서 마시는 사람도 있고, 아이스크림 등으로 쉽게 맛볼

수 있다. 슈퍼나 공항 면세점, 하바나Havana라는 카페에서도 팔고 있다.

CHAPTER 5

소 소 한
부에노스아이레스

버스

　1928년 앙헬 데 까사레스라는 택시 운전사가 전차로 인해 택시 손님
이 없어서, 매일 일정 장소에서 출발하는 정기노선을 만들어 손님들을
모으기 시작한 것이 세계에서 처음으로 버스 시스템이 개발되었고 현
재 부에노스아이레스의 1번 버스 노선이 되었다.

1928년 지하철도 있고, 전차도 있었던 부에노스아이레스라고 생각하니 쉽게 상상이 되지 않지만, 백 년 전의 아르헨티나는 그만큼 선진국이었다.

우리나라 버스중앙차로제는 브라질에서 도입했지만, 부에노스아이레스 버스중앙차로제는 서울을 갔다 온 부에노스아이레스 시장이 도입한 것이라고 한다. 중앙차로가 만들어진 지 얼마 되지 않아 버스정류장들이 깨끗하다.

버스비가 400원 정도로 전 세계 어느 나라보다 저렴해서 많은 사람들이 대중교통을 이용한다.

소가 많으니
가죽제품이 많네

아르헨티나는 일인당 소고기 소비량이 2010년 58.2kg으로 1958년 98.4kg에 비해서 절반으로 떨어졌다고 하지만, 우리나라 10.2kg에 비하면 5~6배에 달하는 수치이다.

소고기를 많이 먹으니 소가죽이 풍부하다. 옛날에는 목동들이 사용하는 각종 기구로 가죽을 활용하기도 했지만, 인구에 비해서 너무나 많은 소가 있기 때문에 가죽이 엄청나게 남아돌 수밖에 없는 구조이다.

시장에서 팔고있는 소가죽 제품들은 디자인이 조잡해 보이기도 하지만, 정식 브랜드가 있는 몇몇 아르헨티나 브랜드는 저렴한 가격과 멋진 디자인을 가진 것도 있다.

부에노스아이레스의 플로리다 거리에 가면 PRÜNE이라는 브랜드 가게에서 아이들 선물로 가죽지갑을 샀다. 한 개 3만 원 정도인데 진짜 가죽에 디자인도 괜찮고 가격도 저렴했다.

까르푸

어떤 나라에서 구할 수 있는 물건을 알고 싶으면 대형쇼핑몰에 가면 구할 수 있는 물건과 못 구하는 물건을 한눈에 파악할 수 있다. 부에노스아이레스에는 까르푸 익스프레스라고 중소규모의 슈퍼마켓도 도시 곳곳에 있고, 까르푸 대형마트도 있다.

회의를 마치고 호텔로 돌아가려고 할때 생수와 간식거리를 사러 까르푸 매장에 들어갔다. 외국이라고 생각했지만, 한국 대형마트에 온 것 같았다. 파는 물건 종류도 거의 비슷하고, 가방보관함에 가방을 넣고 들어가는 시스템이나, 양념, 옷가지, 다양한 먹거리 등 우리나라 마트와 흡사했다.

다른 점이 있다면 땅이 넓은 나라이니 한국의 대형 마트처럼 답답하게 붙어 있지 않고, 진열대가 널찍하게 떨어져 있어서 막혀 있는 느낌이 없다는 것이다.

생수와 과자거리들을 사서 호텔로 돌아갔다.

라디오 택시 Radio Taxi

떠나기전 블로그 검색에서 안전을 위해, 부에노스아이레스를 돌아
다닐때는 라디오 택시를 타야 된다고 여러 곳에서 보았다. 라디오 택
시는 콜택시의 개념으로 연락을 하면 오는 것이니 최소한 택시기사가
누구인지는 알고 있다는 장점이 있다.

라디오 택시도 스티커만 붙이고 다닐 수도 있어서 무조건 믿을 수 없
다는 말도 있지만, 그래도 최소한의 안전을 보장받을 수 있는 택시라
는 생각에 라디오 택시만 열심히 찾고 있다.

택시는 미터기가 조수석 위에 달려 있고, 앞좌석은 안전벨트를 매야
한다. 미터기가 있어서, 바가지를 쓸 일은 없을 것 같지만, 이상한 방
향으로 가는 것만 조심하면 된다.

부에노스아이레스 시내는 일방통행 길이 너무나 많아서 온 길과 되
돌아가는 길이 다를 경우도 많고, 일방통행 때문에 오히려 다른 길로
돌아가는 것이 시간에 도움이 될 때도 많으니, 온 길로 되돌아가지 않
는다고 너무 불안해할 필요는 없다. 만약 이동 방향을 정확히 알고 싶
다면 스마트폰 지도앱을 이용하면 도움이 된다.

자가용 불법으로 오해할 수 있는 레미스remis라는 자가용 택시도 있다. 콜택시와 비슷하지만, 미터기가 없고, 협의를 통해서 가격이 결정되는데 호텔, 공항, 식당 같은 곳에서 레미스를 불러주기도 한다. 한인촌 식당이나 가게에서 돌아갈 차를 부탁하면 대부분 레미스를 불러준다.

말이 통하지 않으면 한인가게에 얼마인지 물어보고 내릴때 그 금액을 주면 된다.

치안이 불안해요

최근 10년 동안 갑자기 부에노스아이레스 치안이 나빠졌다고 한다. 경제가 갑자기 나빠지면서 강도가 많이 생긴 것이다.

예전에도 치안이 아주 좋았던 곳은 아니었지만, 조심해야 될 곳과 안전한 지역이 나름 구분이 되어 있었는데, 이제는 안전하다고 인식되어 온 곳에서도 강도가 있으니 위험한 지역과 안전한 지역이 모호해져서 더 큰 문제가 된 것이다.

2006년에 "아르헨티나의 치안 부재는 언론이 만든 허구이지 현실이 아니다"라고 이야기하면서 신문과 방송을 비난했던 상원의원이 2014년에 권총차량강도를 당했다고 한다. 다행히 상원의원 차량은 GPS 추적 장치가 달려 있어서, 2시간도 안 되어서 차를 찾았다고 하지만, 치안이 나빠지는 것을 알았기에 GPS 추적 장치를 달지 않았을까 생각이 들었다.

버스와 승용차는 타이어 도난이 많이 일어나기 때문에 버스에는 타이어를 떼어가지 못하도록 별도의 장치를 달아놓았고, 승용차도 타이어를 조으는 나사 중 한개는 풀기 어려운 나사를 이용한다고 한다. 승용차에 있는 유리도 도난당하지 않도록 차량 번호가 유리에 새겨져 있다.

점점 강도가 많이 발생하는 것이 아르헨티나의 새로운 골칫거리가 아닐까 싶다.

장갑차가 되어버린 경찰차

거리에서 경찰과 경찰차를 어렵지 않게 자주 볼수 있다. 과거 군부 독재시절에는 군인이 많았지만, 이제는 경찰이 훨씬 더 많다고 한다. 플로리다 거리에 가면 타이어가 3개인 조그마한 경찰차도 있고, 서서 타는 경찰차도 있다.

가장 신기하게 생긴 것은 앞뒤 쪽에 불쑥 튀어나온 범퍼가 달린 장갑차 같은 경찰차이다. 이렇게 커진 경찰차가 방탄기능과 사방에 범퍼를 붙여 놓았으니, 경찰차가 너무 무거워서 수리할 것들이 많이 생기는 문제점도 있다고 한다. 차가 무거우니 스프링이나 차제를 유지하는 부품들이 금방 손상되는 것이다.

차를 운전할 때에는 면허증과 차량등록증, 보험증 같은 것은 잘 챙겨 다녀야 된다고 한다. 차량 도둑도 많이 있으니 검문할 때 차량에 관련된 증명서까지 경찰들이 보자고 한다.

운전석 방향이 같고, 국제운전면허증으로 운전은 가능하지만, 우리나라는 도로 맨 안쪽에서 좌회전 차선이 있지만, 아르헨티나에서는 도로 맨 바깥쪽에서 좌회전 신호를 기다리는 등, 진출입 시스템도 다르기 때문에 조심해야 한다.

신문사 할인카드

레스토랑에서 통역하신 분이 할인카드가 있다고 해서 10% 할인을 받았다. 도대체 어떤 카드이기에 할인을 받느냐고 물어보니, 신문사 할인카드인데, 여러 곳에서 할인을 해주어서 유용하다고 한다.

한 달 신문구독료가 약 3,000원 정도인데 신문을 구독하면 현재는 2개의 대형 신문사에서 신문사 할인카드를 발급해준다고 한다.

광고주들이 신문광고를 하면서, 할인혜택까지 주고있고, 변화되는 할인정보는 신문사 인터넷 웹사이트에 계속해서 갱신된다고 한다. 구독자 입장에서는 신문도 보고, 구독료에 버금가는 금액을 할인 받으니 좋고, 광고주는 할인을 해주기는 하지만, 다른 곳보다 손님이 더 많이 올 수 있으므로 서로 윈win─윈win하는 것 같다.

신문사가 엄청난 부자가문 기업으로 계열사들도 할인을 해주니 카드 혜택을 받는 곳이 다양하다. 심지어 주차장에서까지 할인을 해주니 정말 유용한 카드이다.

하이패스카드

한국에는 하이패스가 많이 보편화되어 있듯이 아르헨티나도 AU Pass라는 고속도로카드를 사용한다. 유리창에 간단한 태그만 붙이면 이용할 수 있다.

예전에는 한국처럼 차량마다 설치하는 기계를 사용했지만, 보급이 잘 되지 않아 간단하게 카드만 부착하는 방식으로 바꾸었다고 한다.

한국은 고속도로를 통과하는 사람들이 기계를 사서 달아야 하지만, 아르헨티나는 고속도로 회사가 더 많은 비용을 부담하는 것 같다.

고속도로 운영사의 예산이 많이 소요되지만, 모든 차량마다 비싼 하이패스장치를 설치하는 것보다 전체적인 금액을 보면 아르헨티나처럼 하는 것이 더 훨씬 저렴하지 않을까 생각이 들었다.

한국보다는 소비자 중심에서 생각하는 나라 같다.

CHAPTER 6

멋진
부에노스아이레스

세계에서 가장
아름다운 서점

　나에게 아르헨티나에서 가장 멋진 곳을 뽑으라면 주저 없이 '엘 아테네
오El Ateneo' 서점을 말할 것이다.

　엘 아테네오 서점은 포르투갈 리스본과 영국 런던에 있는 서점과 더
불어 세계의 3대 아름다운 서점이다.

　오페라극장으로 이용되던 건물이 경영난으로 매물로 나와, 서점회
사가 구입해서 지하에서 지상 3층까지 오페라극장 특징을 그대로 두고
서점으로 개조한 것이다.

　지하에는 어린이들을 위한 공간이고, 1층과 2층에는 일반 서적들이
있고, 3층에 CD, DVD와 같은 시청각 자료들이 진열되어 있다.

　오페라 발코니 의자에 앉아서 책을 읽을 수 있고, 무대가 있었던 곳
에는 카페가 있어 차를 마시면서 책을 읽을 수 있다.

　영어로 된 책만 있어도 발코니 의자에 앉아서 책을 보고 싶었지만,
모두 스페인어로 적혀 있어, 무대가 있었던 자리에서 커피를 한잔 하
면서 서점의 아름다움을 감상했다.

이런 서점이 유지될 만큼 많은 책을 읽는 수많은 사람들이 정말 문학
과 문화를 사랑하는 저력 있는 국가의 단면을 보여주는 것 같았다.

플로리다 거리

부에노스아이레스에서 가장 번화가는 플로리다 거리이다. 패션, 가죽제품, 백화점, 레스토랑, 카페, 환전소, 기념품 가게와 수공예품을 파는 가게들로 다양한 쇼핑거리들이 약 1km에 걸쳐서 있다.

유럽풍 건물에 가게가 있고, 거리에는 탱고공연, 음악연주, 팬터마임, 바닥 그림 그리기를 하는 사람 등 다양한 볼거리가 있다.

가끔씩 펜터마임을 하는 사람들이 동상처럼 가만히 서 있다가, 조금씩 움직이면서 사람을 놀라게 하기도 하고, 약간의 팁만 주면 같이 사진도 찍을 수 있다.

기념품이나 옷, 가방 같은 것을 살 수 있는 곳도 많고, 버거킹, 하바나 카페 등 간단한 식사도 가능하면서, 크지 않은 가게에 들어가서 쇼핑도 되지만, 혼잡한 곳에서는 소매치기를 항상 조심해야 한다.

우리나라 명동처럼 관광객이 몰리는 곳에 탱고공연, 무허가 환전업자, 관광대행 업자와 외국인 관광객들로 붐비고, 브라질 관광객이 많은지, 브라질 화폐로 가격을 표시한것도 쉽게 볼 수 있다.

7월 9일 거리와
오벨리스크

    1816년 뚜꾸만Tucumán에서 아르헨티나 독립을 선언한 날을 기념하기 위해서 7월 9일 거리Avenida 9 de Julio가 만들어졌다. 7월 9일 거리는 폭 144m로 세계에서 가장 넓은 길로 1887년에 설계해서 수많은 집들을 철거한 대규모 공사로 만들어졌다.

    지금은 버스중앙차로제와 간선도로, 보행로가 있어서 144m라는 것이 실감 나지 않았지만 엄청나게 넓다는 생각은 든다.

    7월 9일 거리 중심에는 부에노스아이레스 시 제정 400주년을 기념하여 1936년에 세워진 67.5m 높이의 거대한 오벨리스크가 있다.

    독일건설사가 680m³의 콘크리트와 1,360㎡ 아르헨티나 코르도바에서 생산된 흰색 돌을 사용하여 만들었다. 이 탑은 건립 당시에 도시와 어울리지 않는다는 엄청난 비난을 받아서 다른 건축물에 비하면 31일이라는 아르헨티나에서는 상상할 수 없는 경이적인 시간으로 만들었다고 한다.

    1973년 크리스마스트리가 장식되었고, 2005년 세계 AIDS의 날, 독

일과 아르헨티나 150주년 기념일 등 다양한 행사에도 오벨리스크가 다양한 치장을 하면서 특별 이벤트에 이용된다.

처음에 엄청난 반대로 만들어진 오벨리스크가 부에노스아이레스의 상징물이 될 줄은 아무도 예측하지 못했을 것이다.

레꼴레따Recoleta

레꼴레따는 수도원을 뜻하는 스페인어로 수도원소속의 공동 묘지였지만, 이제는 귀족들의 화려한 공동묘지로 유명하다. 지금도 묘지 옆에는 오래된 성당이 있다.

레꼴레따 묘지는 귀족 출신만 가질 수 있었지만, 최근에는 몰락한 귀족들이 돈 많은 사람들에게 묘지를 팔고 있다. 특별한 사람이 죽을 때마다 건축양식을 바꿔놓는 경우도 있고, 만들어진 묘지를 그대로 사용하는 경우도 있다. 레꼴레따에는 13명의 대통령, 5명의 노벨상 수상자와 에비타도 묻혀 있다.

묘지라지만 각종 대리석 조각, 화려함의 극치를 달리는 조그마한 집들이 다닥다닥 붙어 있다. 매우 아꼈던 하녀를 묘지건물 옆에 조그마한 묘를 만들기도 했지만, 후손들에게 내려오면서, 가문이 망해버려서 완전히 방치된 묘지도 있고, 사랑하는 딸의 조각상을 만들어 놓은 묘도 있다. 화려한 묘지 사이에는 몰락해버린 가문의 묘들도 너무나 볼품없이 방치되어 있는 것이 더 많은 생각을 하게 해주었다.

산 마르틴 장군의 오른팔이었던 장군의 묘지는 안데스산맥을 같이

넘었다는 것을 형상화해서 돌로 만들어 가장 멋져 보였지만, 죽은 자
의 묘지에서 사진을 찍고 구경을 한다는 것이 조금은 꺼림칙했다.

산텔모 시장 San Telmo mercado

레꼴레따 앞에 있는 벼룩시장은 토요일과 일요일에 열지만, 산텔모 시장은 일요일에만 문을 여는 벼룩시장이다. 산텔모 시장에는 가죽수공예품, 레코드판, 각종 기념품, 마테잔, 골동품 등 없는 것이 없을 정도로 정말 다양한 물건을 판매한다.

새 제품에서 중고 제품까지 있지만, 길거리에서 팔고 있어서 대부분 저렴하다. 플로리다 거리에서 살 수 있는 제품에 비해서 품질은 조금 떨어지거나 비슷하지만, 가격도 저렴하고 다양한 물건을 볼 수 있으니 더 좋다.

산텔모 시장에서 가죽슬리퍼, 장난감, 책자, 열쇠고리를 사려고 했지만, 수공예 책갈피만 샀다. 1,000원짜리 책갈피를 파는 사람은 조그마한 리본까지 붙여서 정성스럽게 포장을 해주는 것이 인상적이었다.

수십 년간 탱고를 추고 있는 노부부와 거리공연을 하는 팬터마임이나, 주변건물에 있는 가게에 들어가서 오래된 레코드판과 같은 골동품과 같은 다양한 볼거리와 먹거리가 있다.

아르헨티나 거리 중에서 가장 역동적인 아르헨티나를 구경할 수 있었다.

라 보까La boca

　라보까 지역은 유럽에서 이주를 해온 많은 항구노동자들이 살았던 지역으로 화려함보다는 일반노동자의 고달픈 삶이 있었던 곳이다.

　라보까는 명문 보카 주니어라는 축구경기장도 유명하지만, 노동자들이 배를 수리하고 남은 페인트를 자기 집에 칠하면서, 알록달록한 색깔로 칠해진 동네가 되어 멋진 예술작품 같이 보이기도 한다.

　자투리로 남은 페인트들이 노동자들의 예술적인 감각과 합쳐져 아름다운 거리가 되어 독특한 분위기가 있는 관광지가 되어버렸다.

　왜 칠하게 되었는지 아직까지 정확하지는 않지만, 자기 집을 멀리서 알아보기 위해 색깔을 칠했다는 말도 있고, 방수를 위한 목적으로 페인트를 칠했다는 말도 있다. 어쨌든 남는 페인트에 따라서 칠할 수밖에 없었으므로 조그마한 네모난 공간으로 다양한 색깔로 칠했다.

　이제는 카페와 기념품을 파는 가게와 가난한 예술가들이 그림을 팔고, 공연을 보면서 식사를 하는 관광지가 되었다.

꼴론 극장Teatro Colón

　꼴론 극장을 세계 3대 오페라 극장 중의 하나로 아르헨티나에서는 이야기하지만, 뉴욕 메트로폴리탄 오페라하우스, 파리의 오페라 가르니에, 이탈리아 밀라노의 라 스칼라, 오스트리아 빈 오페라하우스 등 유명한 오페라 극장 중의 하나이다.

　1857년 부에노스아이레스에서 개관했지만, 보다 크고 근대적인 극장을 원해서 1889년 기존의 건물이 아닌 현재 자리에 지어지기 시작해서 20년 가까운 세월이 걸려서 만들어진 극장이다.

　아르헨티나의 가장 번성기에 이탈리아 고전주의와 르네상스 형식의 영향으로 만들어진 건물 중에서 하나이다. 출입문이 여러 개 있어서 연주자가 후문이 아닌 정문으로 들어갈 수 있는 특색이 있는 구조로, 건축 당시에 철 구조물 계산은 프랑스, 난방은 스위스, 승강기는 뉴욕의 스파녀사, 내부 장식은 프랑스, 모자이크, 시계, 조명 등 세계 유명한 회사들이 모두 참여해서 100년 전의 건물에 소화전까지 갖추고 있을 정도로 최고의 건축물로 만들었다. 건축 당시는 오페라 공연보다 쉬는 시간을 이용한 귀족들의 사교장 역할을 했다고 한다.

탱고쇼

아르헨티나는 탱고의 발생지이다. 탱고는 여자가 없어서 남자들끼리 추던 춤으로 이주노동자의 슬픔에서 시작되었다. 탱고를 자세히 알고 싶다면『탱고 인 부에노스아이레스』라는 책을 추천한다.

탱고공연은 대형극장, 카페, 바에서 볼 수 있다. 탱고구경을 위해 대형극 중 하나인 세뇨라 탱고의 공연을 예약했다. 저녁을 포함한 관람료는 800페소약 8만 원, 셔틀버스비는 200페소2만 원였다.

저녁 7시에 호텔에서 셔틀버스를 타서, 8시에 탱고쇼 극장에 도착했다. 극장입구에서 줄을 서서 기다리다가 8시 30분에 입장을 했다. 음료를 주문하고, 스테이크 저녁을 먹고 나니, 10시 30분에 공연이 시작되었다.

목동들의 인디언춤, 탱고춤, 탱고노래, 탱고연주, 만담코너까지 2시간 30분 정도 진행되어, 공연을 마치니 새벽 1시가 되었다.

대형극장 공연은 탱고를 주로 하기 보다는 해외 많은 극장에서 저녁쇼를 보는 것처럼, 아르헨티나 역사드라마를 보는 것처럼 다양한 주제로 구성되어 있었다.

플로랄리스 헤네리카

Floralis Generica

　부에노스아이레스 시내를 돌아다니면 UN광장에 있는 커다란 스테인리스로 만든 꽃의 조형물을 쉽게 볼 수 있다.

　2002년부터 부에노스아이레스의 상징이 된 이 조형물은 아르헨티나 건축가 에두아르도 카탈라노Eduarodo Catalano가 18톤의 스테인리스와 알루미늄으로 고정된 위치에서 죽은 듯 가만히 있는 것이 아닌, 낮에는 6개의 꽃잎이 피어나고, 밤에는 꽃잎이 닫히는 움직이는 높이 23미터 꽃으로 만들었다.

　조립과정에서 꽃잎 한 개가 잘못 조립되어, 2010년부터 조형물이 손상되지 않도록 꽃잎을 열어두고 있다. 2백만 달러의 수리비용이 예상되어 책임소재를 따지다가, 25년을 보증했던 아르헨티나 록히드마틴 항공사가 2009년에 아르헨티나 정부에 국유화되면서 수리 자체가 불확실하게 되었다.

　'세계의 모든 꽃'이란 의미의 이름을 가진 훌륭한 작품으로 열려 있어도 아름다운 조형물이다.

바에서 즐기는 탱고

　탱고를 좀 더 가까이 보기 위해서 영화 〈중경상림〉에 나와서 더 유명해진 바수르Bar Sur란 바bar에 갔다. 7시 50분에 도착하니, 아직까지 영업을 시작하지 않고 있었다. 8시에 고풍스러운 바로 들어갔다. 우리 일행은 3명이었지만, 늙은 노신사의 피아노 연주가 시작되면서 저녁 식사가 나오기 시작했다. 저녁 포함 비용이 600페소인데, 세뇨라 탱고 극장에서는 음료가 포함되어 있었는데 바수르 음료비용은 별도라고 한다. 오히려 저녁을 포함한 공연보다는 와인이나 맥주를 시키고, 음식은 하나만 시키는 것이 더 좋았을 것 같다.

　대형 탱고쇼와는 달리 조그마한 홀에서 탱고가 연주되고, 탱고가수가 노래했다. 땅게로탱고 전문 댄서가 바로 앞에서 탱고를 추니, 작은 소리와 발동작까지 느낄 수 있었다. 땅게로와 탱고 자세로 사진도 찍고, 탱고도 같이 잠깐이나마 출 수 있다.

　관객이 몇 명이든 상관없이 탱고연주와 탱고노래, 탱고춤을 보여주면서 공연을 하는 사람들이 정말 멋져 보였다.

반도네온 Bandoneón

　반도네온은 아코디언과 비슷하게 생겼지만, 가장 큰 차이는 아코디언에는 피아노 건반이 있지만, 반도네온은 오른쪽 38건, 왼쪽 33건의 단추로 되어 있다.

　반도네온은 1856년 독일의 하이리히 반트가 십수년 동안 콘체르트나를 지속적으로 개량해서 만들어졌다. 초기에는 오르간 대용으로 교회음악, 민속음악에 사용되었지만, 슬픈 음률로 유럽에서는 환영받지 못했지만, 독일에서 이주 온 사람들이 아르헨티나로 가지고 오면서, 아르헨티나에서 꽃을 피우게 된다.

　초기의 탱고반주는 기타, 플루트, 바이올린이었지만, 1910년경에 반도네온이 피아노, 바이올린과 함께 탱고의 주역 악기로 표준화되었다.

　반도네온 연주자들이 점점 사라지고, 반도네온의 수요가 점점 줄어들어 독일회사가 1970년대부터 생산을 중단하면서 예전에 생산되었던 반도네온만 연주되고 있다.

　아르헨티나에서 소규모 생산을 하지만, 독일회사에서 만들었던 소리가 나오지 않고 있어, 반도네온 가격이 점점 올라가고 있다고 한다.

　탱고음악을 듣다 보면 반도네온의 애수를 띤 소리가 아주 뚜렷하게

들려 반도네온에 빠져든다. 연주자가 공기 펌프질을 하는 모습은 너무
힘들게 보이지만, 소리는 정말 매혹적이다.

그라피티 Graffiti

부에노스아이레스의 거리에 보면 온통 낙서로 가득 차 있다.

선사시대부터 돌에 한 낙서가 암석화가 되었지만, 그라피티는 1970년대 뉴욕 브롱스 빈민가에서 가난한 흑인과 푸에르토리코 소년들의 거리 낙서로 시작해서 순식간에 확산된 힙합문화이다.

최근에는 그라피티 아트라고 예술적인 장르라는 말도 있지만, 부에노스아이레스 시내 거리에서 볼 수 있는 대부분은 지저분한 낙서 같았다. 정치적 이슈나 메시지도 없는 단순히 그리는 사람이 만드는 창작적인 낙서이다.

상점 철제셔터나 조금 긴 벽면, 화물차의 뒤쪽에는 어김없이 그라피티가 있다. 대부분 스프레이로 그려져서 지우기가 어렵고, 지워보았자 또 낙서를 할 것이니 사라지지 않는 것 같다.

너무나 아름다운 도시에 모든 벽들이 그라피티로 가득 차 있는것 같다.

CHAPTER 7

부에노스아이레스
속의 한국

백구촌

아르헨티나는 정책적으로 한국에서 이민을 보낸 국가 중 하나이다. 많은 한국교민들이 아르헨티나 곳곳에 있었지만, 돈을 많이 번 교민들이 미국, 캐나다 등지로 떠났지만, 최근에 아르헨티나로 다시 돌아와서 3만 명 정도가 있다고 한다.

부에노스아이레스 까라보보Carabobo 거리에 한인들이 모여 살기 시작하면서 한인촌이 만들어졌다. 한인촌이 109번 버스 최종 종점이었기 때문에, 버스를 타고 집으로 돌아가는 한인들에게 버스번호를 따라서 백구촌이 되었다.

백구촌 지역이 치안이 점점 나빠지고 있다고 한다. 부에노스아이레스 전체가 10년 전에 비해서 엄청나게 치안이 나빠졌지만, 백구촌 옆에 있던 빈민촌이 갑자기 커지면서, 백구촌에서 쇠창살을 친 가게들은 너무 쉽게 볼수 있고 늦은 시간에는 택시기사들도 백구촌으로 가지 않으려고 한다고 한다. 한인들이 백구촌에서 조금씩 다른 곳으로 이사 가고 있지만, 짬뽕집, 떡집, 한인마트, 부동산, 한의원, 치과, 식당, 한국학교, 교회 등 간판만 보면 한국에 온 것 같은 착각이 든다.

한식당

　매일 먹는 스테이크가 나쁘지 않지만 계속해서 먹다 보니, 한국음식이 먹고 싶어서 백구촌에 있는 대원정이란 식당으로 갔다.

　대형 연회장이 있고 오래된 역사만큼 왔다 간 연예인과 정치인들의 사인 액자가 벽면에 즐비하게 붙어 있다. 한국에서 아르헨티나를 잠깐 들르는 사람들은 대부분 대원정에서 식사를 했던 것 같다.

　간판은 해물전문식당이었지만, 한식 정식처럼 일인분씩 계산해서 감자탕과 불고기 같은 요리가 나온다. 소고기가 저렴한 나라답게 불고기는 무한 리필이고, 인터넷을 공짜로 사용할 수 있어 좋았다.

　이곳의 치안상황을 알려주듯이 외부사람이 함부로 들어오지 못하도록 입구에는 쇠창살로 된 문이 막고 있는 것이 왠지 어색해 보였다. 외부의 도둑이나 강도를 피해서 쇠창살안에서 밥을 먹어야 되는것이 백구촌의 현실이다.

　백구촌에는 대원정 외에도 다른 한국식당도 많고, 시내에서 가까운 비원이라는 한식당도 있다.

강남 스타일

해외에서는 소주가 양주보다 훨씬 비싸고 반갑다.

한식당에서 나온 소주를 보니, 한국에서 보는 것과 달리, 소주병에 가수 싸이Psy가 그려져 있었다. 예쁜 여자 연예인이 상표에 들어가 있는 것을 주로 보다가, 남자 사진이 들어가 있으니 조금 어색하다. 싸이의 인기가 얼마나 높은지를 느끼게 해주었다.

며칠 전 시골 레스토랑에서 저녁을 먹고 나오는데 스피커에서 흘러나오는 〈강남 스타일〉 노랫소리에 맞추어 어린아이가 말춤을 추는 모습을 보면서 히트가 된 지 시간이 제법 지났는데 아직까지 인기가 있다는 생각이 들었는데 소주병에서도 보니 며칠전에 보았던 장면이 생각났다. 아마 아르헨티나에서 가장 유명한 한국 사람은 싸이가 되어버린 것 같다.

와인이나 맥주만 마시다가 오랜만에 소주를 마시니, 더 독한 맛이 느껴졌다. 가격도 엄청나게 비싼데, 독하게 느껴져 얼마 마시지 못하니 다행이다.

귀국 상품점

    돌아갈 날이 다가오면 돌아갈 때 무슨 선물을 사갈지 매번 고민하는데, 아르헨티나에서는 한인타운에 있는 귀국 상품점에 가면 된다.

    귀국상품점에는 한국사람들이 좋아하는 장미 오일, 달팽이 크림, 해조 오일 등을 판매하는데 단체 관광객이 많지 않은 나라이니 동남아에서 보는 것처럼 강압적인 쇼핑을 하기보다는 한국으로 돌아갈때 필요한 물건을 모아놓은 가게에 가깝다. 이곳저곳 돌아다닐 필요없이 아르헨티나 유명 특산품을 살 수 있어서 편리했다.

    귀국 상품점에서 여러가지 추천상품을 둘러보다가, 한국에서부터 생각해온 장미씨 오일과 달팽이 크림을 샀다.

    아르헨티나 선물이라면 산텔모 시장에서, 저렴한 가죽제품이나 중저가 가죽 가방이나 지갑은 플로리다 거리에서, PRÜNE 매장도 괜찮고, 둘세데레체 같은 우유잼이나 소금도 괜찮은 것 같다.

    귀국상품점에는 둘세데레체와 소금을 팔지 않았다.

CHAPTER 8

아르헨티나에서는
되는 일도 없고,
안 되는 일도 없다

신은 공평하게
아르헨티노를 주셨다

아르헨티나는 풍부한 자원과 천혜의 조건을 가진 나라이다.

우스갯소리로 여러 나라 사람들이 하느님에게 가서, 아르헨티나는 석유와 각종 지하자원과, 땅도 넓고, 비옥하여 농사가 잘되고, 거기에 훌륭한 날씨까지 주신 것은 너무 불공평한 것 아니냐고 불평을 하니, 하느님께서 말씀하시길 "그래서 그 땅에 게으른아르헨티노를 주었지 않았느냐"라고 대답하셨다는 농담이 있다.

아르헨티나는 지금도 개발하지 못한 엄청난 석유자원이 있고, 이구아수폭포Iguazu falls, 남극과 맞닿은 빙산지역 같은 관광자원까지 있다. 대서양 바다와 길게 접하고 있어 우리에겐 홍어 수출국으로 익숙하지만, 바다가 넓은 만큼 수산업대국이다. 세계 농업 선진국답게 날씨와 토양이 비옥해서 목축과 농산물 재배에 훌륭한 조건을 가지고 있다.

이렇게 풍족한 자원을 가지고 있지만, 석유를 개발하지 못해서 석유를 수입하고, 내수가격을 유지하기 위해 엄청난 수출세를 붙여서 농사에서도 큰 이윤을 보지 못하도록 한다. 일 년에 한 달 정도는 연결해서 휴가를 가버리는 사람들과 유연성이 부족한 노동정책 등으로 외국인들이 바라보는 정상적인 산업 활동에 어려움이 많다.

지방학교 관리인이 열쇠를 가지고 휴가를 갔는데, 다른 열쇠를 가지고 있는 교장선생님이 열쇠를 가지고 부에노스아이레스로 출장을 가서 학교가 임시휴교를 했다는 신문기사도 볼 수 있는 나라이다.

어떻게 보면 답답할 정도로 게으르고 낙천적으로 살아도 이렇게 살 수 있다는 것은 신이 공평한 것이 아닌, 신이 내린 축복이 아닐까 싶다.

깜비오 Cambio

백인들 사이에 동양인이니, 외국인이라는것이 바로 표시가 난다.

플로리다 거리를 걸어갈 때 외국인들은 돈을 환전하라는 '깜비오'란 말을 주변에서 가장 많이 듣는다.

아르헨티나에는 공식 환율과 비공식 환율블랙마켓이 공공연하게 존재한다. 공식 환율에도 현금 환율과 크레디트카드 환율이 있다. 현재 크레디트카드 환율이 현금 환율보다 35%가 더 비싸다. 환율이 다른 나라보다 복잡한 이유는 공식 환율이 실제 달러 값어치와 많이 차이 나기 때문이다. 정부의 경제정책을 위해서 공식 환율로 외화를 통제하는 것이다.

최근 공식 환율은 1USD미국달러=8.5$아르헨티나 페소도 달러표시와 똑같이 사용한다라고 하지만, 비공식 환율은 1USD=10$로 많은 차이가 난다. 아르헨티나에서는 달러가 통용되지 않고 페소를 사용해야 되는데 만약 1,000페소10만 원짜리 물건을 사는 데 공식 환율로 사면 118USD가 필요하지만, 비공식 환율로 100USD만 환전하면 물건을 살 수 있다.

한때 크레디트카드 환율이 없었을 때에는 바로 옆나라인 우루과이

로 배를 타고 건너가 아르헨티나 크레디트카드로 달러를 인출하고, 아르헨티나로 돌아와서 달러는 암달러상에 팔고, 한 달 뒤 카드대금을 공식 환율로 아르헨티나 페소로 내어 시세차익을 누리는 사람들이 많아지는 것을 막기 위해 크레디트카드 공식 환율이란 현금환율보다 훨씬 높은 환율을 만들었다고 한다.

아르헨티나에 간다면 크레디트카드보다 미국달러를 가지고 가서 암달러상에게 돈을 바꾸면 가장 저렴하게 사용할 수 있다. 그렇지만 환전하는 과정에서 위조지폐를 받을 수 있고, 암달러상을 따라갔다가 강도로 돌변할 수도 있으니 주의가 필요하다.

결혼보다 동거가
더 편한 나라

　아르헨티나는 철저한 모계중심사회이다. 에비타가 여성투표권을 처음 만들었다고 하지만, 결혼과 이혼이 매우 자연스러운 곳이다.

　양육권에 대해서는 엄마나 아빠나 별다른 제약이 없고 서로 합의를 해서 양육권을 가진다. 연말 연휴기간에는 크리스마스에 처갓집을 먼저 가고, 남편 쪽 가족에게 신정New year에 간다고 한다.

　잦은 이혼과 결혼으로 한 가족이라고 하지만, 남편의 전前부인 사이에서 태어난 자녀와 재혼한 부인의 전前남편과 사이에서 태어난 자녀들이 같은 집에 사는 것도 아주 자연스러운 경우이다.

　시골지역의 경우 모든 사람이 똑같지는 않지만, 고등학교 과정 중이나 졸업하자마자 아이를 출산하는 경우도 너무 많아서 30대 중반의 여자에게 고등학생 딸이 있는 것은 이상하지도 않다.

　어떻게 쉽게 결혼하고, 쉽게 헤어지냐고 하지만, 좋아서 결혼을 했고, 싫어서 이혼을 하는 것이 너무나 당연하다는 이야기를 하는 것은 우리와 다른 가치관의 한 단면인 것 같다.

언제 헤어질지도 모르는 것이니 헤어질 때 불편하니까 결혼보다는
동거를 더 많이 한다.

우리와 다른 것이 틀린 것은 아니다.

국유화를 마음대로

아르헨티나에서 가장 큰 석유회사는 YPF이다.

1993년 카를로스 메넴 대통령 시절에 전철, 전기, 항공사 등의 적자를 해소하기 위해 민영화가 도입되었지만, 유전을 가지고 있는 나라에서 국영석유기업을 왜 민영화했는지는 의문이 많았다고 한다. 1999년 스웨덴 다국적 회사 렙솔REPSOL이 지분 57%를 인수했다.

2012년 크리스티나 페르난데스 대통령이 스웨덴 기업의 지분 57% 중 51%를 아르헨티나 정부가 강제로 수용하면서 YPF를 국유화했다. 이러한 아르헨티나 정부의 독단적인 행동은 다른 유럽이나 미국의 많은 반발을 일으켜 문제를 발생시켰다.

아르헨티나 국회는 스웨덴 기업에 일정 금액은 보상하기로 2014년에 결정 났지만, 기업의 지분을 마음대로 국유화할 수 있는 것에 놀랐다.

이런 정책들은 문제가 생겨도 해결할 수 있는 것은 수많은 자원과 천혜의 조건을 가지고 있는 배짱이라는 생각이 들었다.

최고의 직장 IBM

아르헨티나에서 가장 인기 있는 직장은 월급을 가장 많이 주는 IBM이라고 한다. IBM의 경우에는 처음 입사하면 2,300USD약 230만 원 정도의 월급을 받고, 삼성은 2,000USD약 200만 원 정도를 받는다고 한다.

이러한 외국계 회사들은 좋은 직장들이지만, 한국계 회사들은 일을 많이 하기로 유명해서 많이 그만둔다고 한다. 일반적인 아르헨티나 기업에서는 대학졸업자 초임이 약 1,000USD약 100만 원 정도이며 일반인들은 약 600USD약 60만 원 정도라고 한다.

아르헨티나 노동법은 노동자에게 상당히 유리해서 3개월 이상 근무를 하면 해고를 마음대로 할 수 없고, 해고할 경우 해고수당을 주어야 되기 때문에 노동 유연성이 낮다.

기본적으로 국가공휴일이 15일 이상 되고, 공휴일과 휴일 사이에 있는 낀 평일은 공식적으로 샌드위치 휴일로 두어서 휴일을 연장한다.

일반인들의 월급은 한국에 비해서 낮지만, 휴일수당은 평일의 2배를 받기 때문에 초과근무를 많이 할 경우는 월급의 2배를 쉽게 받을 수 있는 구조이다. 고용주 입장에서는 월급이 무서워서 휴일근무나 초과근무를 마음대로 못 시킨다고 한다.

　고용을 하는 것보다는 노동자가 그만두고 나가면서 소송을 대비해야 되는 어려움으로 수많은 자원이 있어도 해외기업들이 직접적인 투자를 하는 데 어려움을 겪고 있다.

메뉴판에 없는 빅맥Big Mac

　국가별 실질물가를 비교할 때 자주 인용되는 것이 빅맥지수Big Mac Index 이다. 아르헨티나정부는 자국의 물가지수를 낮게 관리하기 위해 맥도날드의 빅맥 가격을 인상하지 못하도록 압력을 넣고 있다고 한다.

　맥도날드 다른 제품의 가격은 마음대로 결정할 수 있지만, 빅맥 가격은 올릴 수가 없으니, 빅맥 햄버거를 팔수록 맥도날드 손해가 나기 때문에 메뉴판에서 아예 없애버렸다고 한다. 주문을 하면 사 먹을순 있지만, 메뉴판에는 없는 아이러니한 일이 생겼다.

　햄버거도 우리나라와 다르다. 야채는 잘 먹지 않고 소고기를 주로 먹는 나라답게 햄버거에 야채는 없고 소고기 패티가 3장이 들어간 것도 있다고 한다. 한국 사람처럼 고기와 야채를 같이 먹는 것에 익숙한 사람들에게는 맥도날드 햄버거도 쉬운 선택은 아니다.

　그래도, 시내 곳곳에 다양한 패스트푸드점이 있어서 편리하게 식사할 수 있다.

가격은 알 수 없어

　레스토랑 메뉴판 금액 부분에 스티커가 덧대어 붙어 있고, 연필로
금액을 표시해놓은 메뉴판을 쉽게 볼 수 있다. 백화점과 고가품 매장
에서는 물건에 가격표가 없어 점원이 컴퓨터로 검색해서 알려준다.

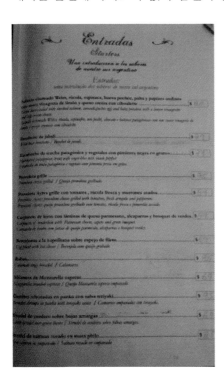

　최근 비공식적인 아르헨
티나 인플레이션은 일 년에
30% 이상 되고 있다. 법적
으로 연봉을 인플레이션과
연동해서 인상하도록 되어
있는데 2013년에는 20% 이
상 월급인상이 있었다고 한다.

　국가에서 공식적으로 발표
한 인플레이션 통계를 아무
도 믿지 않는다고 할지라도
아무리 낮아 20% 이상은 된
다는것을 정부가 인정한 셈

이 되었다.

　외환위기때에는 식당메뉴판 밑에 "이 가격은 음식을 다 드시고 나 갈 때 바뀔 수도 있습니다"라고 적혀 있었다는 황당한 이야기도 있 고, 차를 사러 갔다가 현금을 세고 있는 동안 가격이 올라서 차를 못 사고 왔다는 이야기도 있을 정도이다. IMF 때의 인플레이션이 엄청 나게 심했던 나라이다.

　슬럼가로 버려졌던 항구창고를 고급 식당가와 고급 아파트 단지로 만든 푸에르트 마데로의 고급식당에서 연필로 적혀 있는 가격은 새 삼스럽지도 않게 느껴진다.

　어제 간 식당에 오늘 똑같은 것을 먹어도 가격이 바뀔 수 있다.

집보다 차를 사겠다

　최근 부에노스아이레스에는 갑자기 차량들이 늘었다고 한다. 버스비와 지하철 요금은 400원 정도로 저렴하지만, 차량 증가 속도를 막지는 못했다. 폭발적인 차량 증가는 예전에는 집을 사기 위해 돈을 모았지만, 이제는 집값이 너무 비싸지자 집 사는 것을 포기한 사람이 인플레이션으로 자동차라도 더 비싸지기 전에 사자는 생각으로 차량 구매가 증가한다고 한다.

　더 이상 집을 사서 부를 축적하기 어렵다는 것을 알게 된 사람들의 실망감들이 오히려 편안하게 차를 사서 움직이겠다는 것으로 바뀌어버린 것이다.

　자가용은 20년이 지나면 세금이 없기 때문에 오래된 차량을 쉽게 볼 수 있다. 이렇게 갑자기 차량이 증가하자 정부에서 자동차구매세를 차량가격에 따라 인상시켰다. 대형차의 경우에는 세금인상으로 차량가격 50%가 한꺼번에 올랐다고 한다.

　세금이 한 번에 20~30%이상 올라서 오히려 물건을 먼저 사놓는 것이 더 유리하다는 생각에 고급소비재 수요가 더 늘어나고 있다. 인

플레이션과 세금 등으로 사람들은 은행에 저금을 하지 않는다. 저금을 해보았자 이자 수익이 인플레이션을 따라가지 못하고, 통장유지 수수료를 받아가기 때문에 은행에 넣어둘수록 손해가 발생한다. 그래서 페소아르헨티나 화폐보다는 안전한 미국달러를 집에 보관하는 것이다. 각 가정의 매트리스침대 밑에 깔려 있는 달러라는 '매트리스 머니'가 국가가 가진 국고보다 훨씬 더 많다.

여윳돈만 생기면 달러로 바꾸어서 집에다 보관하는 이유로 점점 더 경제는 어려워지고, 어려워진 경제에 따라 정책은 더 혼란스러워만 진다.

경제, 무엇이 문제인가?

　백 년 전의 강대국인 아르헨티나가 왜 추락했는지 미국 경제전문지에서 원인을 분석했다.

　첫째, 100년 전 농산품 수출로 번영했지만, 공업국가로서의 기반은 취약했다. 수출상품들은 넓은 땅을 가진 부자들이 유럽이민자의 값싼 노동력으로 만들어져, 기술자를 키울 교육제도에 대한 관심이 없었다. 기술자가 부족해서 제1차 세계대전과 국제무역 냉각기에 공업국가로 전환에 실패했다.

　둘째, 꾸준한 세계 무역정책과 엇박자가 있었다. 제1차 세계대전으로 미국과 영국을 비롯한 국가들이 폐쇄적 무역정책을 펼칠 때, 아르헨티나는 매우 개방적인 무역정책을 펼쳤고, 이때 피해를 많이 본 아르헨티나는 제2차 세계대전 이후에는 다른 국가들이 개방적 무역정책을 펼 때 폐쇄적 무역정책을 가졌다. 밀 국제시세가 상승하면, 밀을 수출해서 돈을 벌기 보다는 내수 밀 가격이 올라 자국민들이 피해를 보는 것을 막기 위해, 수출을 억제하는 수출세를 올려 밀로써 돈을 벌려는 의지를 막아버렸다.

셋째, 불안정한 정치권으로 장기적인 국익을 위한 정책을 펼치지 못하는 것이다. 정치인들은 미래에 어떤 여파가 오든지 상관없이 국고 보조금과 온갖 복지정책으로 자기들이 집권해서 국민들이 살기 좋아졌다고 외치고 있다. 정권마다 이렇게 하다 보니 이제 이런 방향을 뒤집기에는 너무 늦어버리게 된 것이다.

사람들은 표를 받기 위해서 이상한 정책을 만들어 내는 지도자를 좋아하고 있다.

사람들은 한 명의 위대한 지도자가 갑자기 나타나서 모든 것을 해결해줄 것이라고 믿고 싶겠지만, 미래를 준비하는 지도자를 알아보고, 자신들의 미래를 위해 고통을 감내할 수 있는 것도 국민들의 몫이 아닐까 싶다.

CHAPTER 9

돌아가자

출장은 힘들어

    일에 따라 차이가 있겠지만, 해외출장을 와서 돌아 갈 때는 이제 좀 알 것 같은데 돌아가야 된다는 아쉬움이 남는다. 현지 사정을 잘 알고 왔다면 좀 더 시간활용을 잘할 수 있었을 것이라고 생각은 들지만, 시간이 지날수록 많은 것을 보고, 듣고, 느껴서 점점 이 나라를 알아가는 것 같을 때 쯤 한국으로 돌아와야 한다. 매일매일 노트북으로 보고서를 작성하고 할 일들을 정리해 놓아야만 돌아가서 일들이 밀리지 않는다.

    이번 출장은 시골 호텔의 인터넷을 공짜로 사용해서 자료도 많이 찾았고, 한국의 가족들과 영상통화도 할 수 있어 좋았다. 부에노스아이레스 호텔은 치안을 고려해서 좋은 호텔에 들어갔는데 편안한 의자와 책상이 있어서 일하기에 편했지만, 인터넷 접속료가 비싸서, 휴대폰 데이터 로밍으로 인터넷을 사용했다. 이제는 인터넷 없이 해외에서 일하기 힘든 세상이 된것 같다.

    호텔에 있는 전기 콘센트는 3개의 플러그를 꼽는 방식이다. 별도 어댑터를 이용해서 노트북과 연결해서 작업을 했다.

한국으로 출발

모든 일정을 마치고 한국으로 돌아가는 날이다.

돌아가도 새로울 것은 없지만, 집으로 돌아간다는 사실은 다른 모든 아쉬움을 잊어버릴수 있어 즐겁다.

어제는 저녁을 호텔에서 먹고 밤늦게까지 보고서를 적다가 밤 2시에 짐을 싸고, 잠깐 자고 일어나 아침 먹기전까지 보고서를 마쳤다.

아르헨티나에서 입고 버리겠다는 생각으로 가지고 온 옷가지들을 버리고, 선물로 산 장미씨 오일과 달팽이 크림을 넣었다. 가방의 무게가 초과되지는 않을까 걱정을 하면서 짐을 쌌다.

다시 돌아가는 데도 26시간의 비행기를 타고 가야 한다. 별 탈 없이 건강하게 아르헨티나를 떠나게 되는 것을 다행으로 생각하면서 호텔을 나서서 공항으로 출발했다.

한국에 돌아가면 아마 스테이크가 가장 그리울 것 같다.

세관 줄이 너무 길어

아이들 선물로 플로리다거리 PRÜNE에서 가죽지갑을 사고 면세Tax Free 용지를 받았다. 가죽지갑이 한 개 3만 원이지만, 세금을 환급받으면 개담 4천 원 정도는 돌려 받을 수 있다.

물건과 영수증을 가지고 세관에서 면세물품 확인도장을 받아야 한다. 에어프랑스가 출발하는 터미널C의 세관데스크에는 엄청나게 많은 사람들이 기다리고 있었다. 나처럼 간단한 물건을 산 사람이라면 금방 끝이 날 것인데, 노트북이나 전자기기를 산 사람들은 언제 구입했는지를 확인하기 위해서 전원을 넣고, 날짜를 확인하니 시간이 엄청나게 걸렸다.

20여 분을 기다려 내 차례에는 물건만 보고 바로 도장을 찍으니 10초도 걸리지 않았다. 면세용지에 확인도장을 받고, 신문을 파는 곳에서 환급데스크에서 크레디트카드와 면세용지를 주니 끝이 났다.

크레디트카드로 언제 돈이 들어올지 모르겠지만, 얼마라도 돌려받는다고 생각하니 왠지 돈을 벌어서 가는 기분이다.

남은 페소를 다 사용해야지

　남은 페소를 다 사용해야 된다는 생각으로 면세점에 들어갔다. 사용하고 남은 페소를 다시 달러로 교환해주는 곳이 공항에 없으니, 페소를 남겨 보았자 사용할 곳도 없다.

　페소를 적정하게 바꾸어서 사용다가 남은 페소는 면세점에서 모두 사용하는 것이 좋다. 면세점에서는 달러와 페소를 공식 환율로 인정하기 때문에 면세점에서 살 물건만 많다면, 달러보다 페소를 사용하는 것이 훨씬 이익이지만, 물건 자체가 그렇게 저렴한 것 같지는 않았다.

　터미널마다 면세점이 차이가 있는데 터미널 C는 면세점 규모가 작아서 살 물건이 별로 없었다. 남아 있는 페소로 59달러짜리 티셔츠를 한 개 사니, 공식 환율과 비공식 환율을 계산하니 약 5만 원에 살수 있었다. 공식 환율 환차익을 바로 느낄 수 있는 곳이 면세점이라는 생각이 들었다.

　면세점에서 남아 있던 페소로 과자를 모두 사고, 파리로 출발하는 비행기에 올라탔다.

　이제 한국으로 돌아간다.

CHAPTER 10

역사 속의
아르헨티나

은의 나라

　아르헨티나 라는 이름은 아르헨티나 중앙을 흐르는 라플라타 강에서 유래되였다. 라플라타는 '은'이라는 스페인어이다. 이 강을 거슬러 가면 은의 산지까지 갈 것이라는 믿음이 강 이름까지 은으로 만들었다.

　아르헨티나가 스페인에스파냐에서 독립할 때 나라이름을 '라플라타'로 하려고 했지만, 스페인어를 사용하고 싶지 않아 은이라는 라틴어인 '아르헨티나'로 정했다고 한다.

　아르헨티나가 처음 유럽에 등장하게 된 것은 스페인 항해사 후안 데 솔리스가 1516년 아르헨티나를 발견했고, 1554년에 '띠에라 아르헨티나'로 세계지도에 나타나기 시작했다. 1580년부터 스페인 식민지가 되었지만, 별다른 자원이 없었기 때문에 페루총독의 지배를 받으면서 페루와 인접한 지역을 중심으로 발전했으나, 1776년 아르헨티나 총독이 임명된 후 부에노스아이레스가 유럽과 교류하는 항구 역할을 하면서 발전하게 되었다.

　1810년 5월 25일에 5월의 혁명May Revolution이라고 일컫는 스페인으로부터 독립을 선언하고 임시정부를 수립하여 스페인과 독립전쟁이 시작된다. 독립선언 이후 1816년 7월 2일에 뚜꾸만Tucumán 주에서 중

앙집권적 공화국을 선언하였다.

스페인과 독립전쟁을 시작하면서 산 마르틴 장군 등의 활약으로, 칠레, 페루, 아르헨티나가 스페인으로부터 독립하지만 그 과정에서 중앙집권주의자와 연방주의자 간의 대립과 혼란이 계속 지속되다가, 1861년 미트레 장군에 의해 최초의 단일 연합국은 실현되었다.

세계 5대 선진국

    1890년대 후반부터 아르헨티나는 경제 성장이 시작되면서 세계 최대 육류 수출국이 된다. 유럽의 많은 지역이 도시화가 되면서 육류 소비가 늘어나고, 기술이 발전하면서 그동안 수요가 없어서 거들떠보지 않았던 대평원에서 아무런 관리없이 방목되던 소들이 아르헨티나 주요 수출품으로 자리잡게 되었다.

    육류수출에는 고기엑스와 냉장기술의 기술개발이 아르헨티나에 행운을 가져다 주었다. 독일사람이 개발한 소고기 엑기스meat extract는 소고기를 열탕으로 삶아서 우러나오는 고기엑기스를 음식에 사용하는 것으로 유럽사람들에게 인기를 끌면서 소고기 수요가 발생하였다. 냉장기술이 발달함에 따라 1890년 후반에서 20세기1900년대 초반까지 20년간 냉동화물선은 급속히 증가되어 엄청난 양의 아르헨티나 소고기가 수출이 가능해졌다.

    20세기 초에는 가난한 남부 유럽 사람들이 돈을 벌기 위해서, 미국으로 갈지, 아르헨티나로 갈지 고민을 하였다. 1890년대 200만 명이던 아르헨티나 인구가 유럽사람의 이민으로 30년 만에 5배가 증가한 1920년에 1,000만 명을 넘기게 된다.

　소고기와 함께 팜파지역에서 재배한 곡물도 유럽으로 수출하게 되면서 많은 부를 축적하게 되지만, 인구가 적어서 자체적인 생산과 소비로는 경제발전이 힘들어 수출에 의존할 수 밖에 없는 아르헨티나 경제약점을 가지고 있었다.

　1922년 미국 대공황과 세계 불황으로 유럽사람이 소고기 소비를 줄이고 값싼 감자와 곡물로 끼니를 대신하자 위기가 찾아왔지만, 제2차 세계대전으로 유럽이 황폐해지고 식량이 부족해지자 아르헨티나는 유럽지역으로 식량과 육류를 수출하여 다시 부를 축적할 수 있었다.

페론의 개혁

아르헨티나의 역사에서 큰 전환점은 1946년에 선출된 후안 페론 대통령이다. 페론 대통령 이전까지 선진농업국가로써 농업에서 돈을 번 지주들이 주요 권력이었다면, 노동자와 공장을 가지고 있는 상공인의 세력의 지원으로 페론 대통령이 선출된다.

페론 대통령의 집권 초기에는 국가사회주의를 표방하면서 외국 산업과 기업 진출을 규제하고 철도와 공익사업을 국유화했다. 국유화 조치를 하면서 각 분야의 사회보장제도를 실시하는 등의 극빈층에게 유리한 정책을 내놓으면서 인기를 높였다.

그렇지만 점점 권력의 집중을 원하면서 1949년 헌법을 개정하고 반대자들에 대한 탄압을 일삼는 독재정치를 행하기 시작했다. 대중적 인기의 핵심이었던 부인 에바 페론이 죽고, 1955년 가톨릭과 반대 군부세력의 쿠데타로 실각당해 스페인으로 망명하게 되었다.

초기의 페론의 개혁은 중앙집중화된 정부와 권위주의적인 성향을 가지면서 외세의 영향으로부터 자유롭고, 자본주의나 공산주의가 아닌 전혀 다른 방식의 경제발전추구 하면서, 민족주의와 사회민주주의가 통합된 형태를 띠었다.

페론의 집권 기간 동안 많은 산업에 투자를 했고, 아르헨티나가 농업국가에서 공업화로 가는 데 이바지했다. 아르헨티나 국민의 60%를 차지했던 극빈층이 전체 국가소득의 33%를 분배받아, 60%에 가까운 중산층을 형성했다.

독재를 하면서 산업화의 초석을 다졌지만, 치밀한 계획 없이 자신을 지지하는 사람들의 입맛에 맞는 정책을 펼쳐 중산층이 많아졌지만, 좋아진 만큼 문제를 남겨주었다.

5월 광장 어머니회

　1975년 석유파동의 여파로 수출이 감소하고 외환위기에 직면하자 경제파탄과 좌우익테러, 전국적 파업으로 군부 쿠데타가 일어났다. 1976년 군부가 의회를 해산하고, 20년간 페론시대의 경제적 혼란과 정치적 혼란에 빠진 아르헨티나를 안정시킬 것이라고 아르헨티나 국민들은 기대했다.

　그러나 대통령이 된 라파엘 비델라 장군은 공산주의로부터 아르헨티나를 보호할 필수조치라고 고문과 살인과 같은 비인륜적 행동을 정당화했다. 3,000여 명의 사람이 재판 없이 사형되었으며, 수만 명 시민이 실종되거나 국가보안군에 의해 비밀리에 살해되었다. 이때 아르헨티나, 칠레, 우루과이는 공산주의를 막아낸다는 구실로 사회주의자와 독재자의 반대세력을 불법적으로 제거하는 더러운 전쟁 Guerra sucia인 콘도르 작전이 시행되고 있었다.

　군사독재정권에서 실종된 자녀를 돌려달라는 1977년 14명의 실종자 어머니로 시작된 시위는 현재까지 대통령궁 앞의 5월 광장에서 목요일 3시 30분에 시작된다. 실종사건 책임자들이 결코 편안하게 잠을 잘 수 없도록 인식시켜 주기 위해서 현재까지 계속해서 하는 것이다.

　군사독재정권은 경제회복을 위해, 국영기업의 축소 및 민영화, 긴

축재정, 자율적인 가격제도 등을 시행하면서 엄청난 해외 금융자본이 유입되어 제조업 부분의 수출이 감소되고, 무역수지가 악화되었다. 경제가 파탄이 나게 되자, 포클랜드 전쟁을 일으켜 국내 여건을 해결하려고 했지만, 영국에 패하게 되면서 물러나게 된다.

이 시기에 행해진 잔인한 과거사를 청산하기 위해서 '눈까 마스 Nunca Más: 더 이상은 안 돼'라는 보고서가 채택된다. 16세부터 65세가량의 실종자 8,960명의 명단과 비밀 수용소 약 340곳, 불법적인 탄압에 가담한 군인 15,000명 이상이 파악되었다.

실종자 가운데는 노조활동가, 신부, 목사, 변호사, 지역상공회의소 의장, 지방판사, 인권운동가 등을 '마르크스 레닌주의자'나 '기독교 서구문명의 적'으로 규정하고 없애려 했다. 좌익 게릴라 조직과 관련이 없는 임산부와 아이들까지 고문했으며, 수감된 임산부가 출산한 영아나 납치된 부부의 어린아이를 군사정권의 가정에 강제 입양시켜, 가해자인 양부모에게서 피해자의 자녀가 자라는 기이한 일을 만들었다.

말비나스_{포클랜드}

포클랜드 전쟁으로 알려진 포클랜드 섬은 아르헨티나에서는 '말비나스'로 부르고 있다. 말비나스는 1592년 영국인이 발견했고 그 이후에 네덜란드 선원들도 발견했지만, 1690년 영국의 존 스트롱 선장이 처음 상륙을 하면서 영국 해군 국고 담당관이던 포클랜드Falkland 자작의 이름을 따서 포클랜드로 이름 지었다.

1764년 프랑스 원정대가 '레말루이나'라고 명명하고, 루이 15세가 프랑스령으로 공식 선언했지만, 토르데시야스 조약1494에 의해 소유권을 가진 스페인이 강력히 항의해서, 1767년 스페인이 보상금을 주고 말비나스섬의 주권을 확보했다.

1766년 프랑스 정착촌의 존재를 모르고, 영국 정착촌이 세워졌고, 프랑스 정착촌을 넘겨받은 스페인과 영국이 1771년 전쟁을 일으킬 정황까지 갔으나, 영국은 1774년, 스페인은 1811년에 각각 경제적인 이유로 철수하면서, 말비나스는 무인도가 되었다.

1816년 스페인으로부터 독립한 아르헨티나는 스페인 영토인 이 섬을 승계했다고 주장했다. 이때 영국이 바다표범과 고래잡이 산업기지 및 남극진출을 위해서 영국계 정착민이 유입되고, 1826년 아르헨티나에 말비나스 영유권이 귀속된다고 공식 선언한다. 1828년 아르헨티나는 주둔군을 파견해서 관리한다. 1833년 영국이 군사력으로 아르헨티나계 주민과 관료들을 모두 강제 퇴거시킨 후 천 명 이상의 영국인들을 이주시켰다. 당시 세계 최강국인 대영제국에 갓 독립한 약소국이었던 아르헨티나는 대항할 방법이 없었다. 그 후 100년 동안 영국이 말비나스를 지배하였다.

1946년 제2차 세계대전 이후 탈식민지화 추세와 강대국으로 부상한 아르헨티나는 다시 말비나스 영유권을 주장하게 된다. 1965년 유엔총회는 식민지의 독립을 추구하는 결의를 채택한다. 1973년 아르헨티나는 다시 영유권을 주장하고, 유엔결의로 영국과 협상을 시작했다. 그런데 1982년 4월 2일 아르헨티나가 이 섬을 회복할 것이라고 선언하고 갑자기 침공한다.

갑작스러운 침공은 영유권의 문제보다는 더러운 전쟁Guerra Sucia으로 무고한 사람을 좌익으로 몰아 수많은 사람을 죽이는 과정에서 민주화, 정당제도 회복을 거부하기 위한 정치적 이유와 450억 달러 외채, 1,000%에 달하는 인플레이션, 15%의 실업률이라는 총체적인 난국을 해소하기 위해 아르헨티나의 오랜 숙원이던 '말비나스의 탈환'을 군사 독재 정권이 가지고 나왔다.

아르헨티나 군사독재정권은 영국이 적극적인 군사개입을 하지 않을 것이라고 예상했기에 선전포고를 했다. 실제로 포클랜드 주둔 영국 해병대는 수십 명에 불과해서 모두 포로가 되었다.

영국은 전쟁이 일어나자 세계 여러 나라에 영국 편에 서도록 종용했다. 미국의 레이건 대통령은 노골적으로 영국 편을 들었고, 칠레의

영국탑

피노체트도 칠레영공을 영국군대에 개방하면서 아르헨티나 패배의 결정적인 요인이 되었다. 유럽에서는 프랑스와 스페인이 아르헨티나 편에 서면서 프랑스 정부는 엑조세 미사일을 아르헨티나 정부에 공여하기도 했다.

영국이 4월 26일 대규모 기동부대를 투입하여 전투가 시작되었고, 영국군이 남부 조지아 섬을 탈환한다. 5월 2일 영국 잠수함이 아르헨티나 순양함을 침몰시키며, 산 카를로스 섬에 상륙하고, 6월 14일 포트 스탠리을 탈환하고 포클랜드 주둔 아르헨티나군이 항복하면서 개전 75일 만에 끝이 났다. 전쟁으로 영국군은 약 250여 명이 사망했고, 아르헨티나군은 약 700명이 사망했다.

아르헨티나의 결정적인 패전 원인은 징병제 때문이었다고 한다. 억지로 전쟁터에 끌려 나와 전투에 대한 동기부여가 부족한 반면 영국은 모병제를 하면서 여왕의 둘째 아들인 앤드루 왕자가 직접 전투기를 몰고 맨 앞에서 참전하였기에 영국 국민들은 포클랜드 전쟁에 대한 동기부여가 충만했다.

국민들에게 희생을 강요하면서 자신들의 정권을 유지하기 위한 수단으로 전쟁을 일으킨 아르헨티나 군사정권과 솔선수범해서 전쟁터로 나가는 영국지도자의 자세에서 거리나 수적으로 불리하게 느껴졌던 영국이 승리한 것이다. 아르헨티나 레오폴드 갈티에리 대통령은 패전에 책임을 지고 실각하고, 징병제도 폐지되었다.

모든 사람이 무모하다고 생각하는 즉각 무력대응을 결정하고 군대를 파견한 '철의 여인' 대처 수상은 이 전쟁의 승리한 결과로 재집권에 성공하게 된다.

아직도 끝나지 않은 전쟁

　포클랜드 전쟁에서 영국은 이겼지만, 아직까지 국제사회는 영국 식민지령으로 완벽하게 인정하지 않고 있다. 포클랜드 제도 영유권 주장에 대해서는 국제사회 의견이 엇갈리거나, 중립을 지키고 있다. 영연방 국가들은 영국의 영유권을 인정하고 있으나, 중남미의 카리브공동체, 페루와 같은 남미 국가들과 중국, 스페인 등은 아르헨티나를 지지하고, 포클랜드 전쟁 때 영국 편이었던 칠레도 아르헨티나 지지로 돌아섰다.

　미국은 영유권 주장에 중립적 태도를 보였지만, 포클랜드 전쟁에서 영국의 입장을 지지하고 물자와 정비지원을 했기 때문에, 영국을 지지하고 있다고 볼 수 있다.

　아르헨티나 입장을 지지하는 많은 국가들도 있지만, 1984년부터 영국이 실질적인 지배를 하고 있고, 현재 주민들이 대부분 영국계이어서 아르헨티나와 거리는 가깝지만, 주민들이 영국령에 남고 싶어하는 것이 아르헨티나의 가장 큰 딜레마이다.

　한국에 있을때에는 영국의 입장에서 포클랜드 전쟁은 아르헨티나와 전쟁을 해서 영국이 이겼다고 알고 있었지만, 막상 아르헨티나에서 보니 돈을 주고 사서 국제법으로도 인정 받은 영토를 억울하게 빼앗겨 버렸다는 생각이 들었다.

어느편에서 생각하느냐, 어느쪽의 이야기를 듣느냐에 따라 너무나 큰 차이가 나는것 같았다.

CHAPTER 11

아르헨티나 속의
사람들

남미 해방의 영웅산 마르틴 장군

호세 데 산 마르틴José de San Martín 장군은 스페인이 지배하고 있던, 아르헨티나, 칠레, 페루를 독립시키면서 남아메리카 3개국의 독립운동 영웅이다.

1778년 아르헨티나 꼬리엔떼스 주에서 스페인 직업군인이었던 아버지와 스페인인 어머니 사이에서 태어나 6세에 스페인 마드리드 귀족학교를 다녔다. 30세 때 스페인군에 입대하여 각종 전투에서 활약을 보이다가, 프랑스 전쟁에서 두각을 나타내었고, 스페인 왕당파와 비왕당파 전쟁의 활약으로 스페인군 사령관이 될 기회를 가지지만,

돌연히 34세1812에 부에노스아이레스로 돌아와 스페인 왕당파와 싸우는 남미 독립운동에 투신했다. 35세에 산로렌소 전투 이후 36세1814에 아르헨티나 독립 북부군을 지휘하면서 아르헨티나 독립영웅이 되었다.

39세1817에 멘도사에서 좁고 험준한 안데스산맥을 넘어서 칠레로 가서 1819년 칠레 독립과 1820년 페루를 독립시키고, 남미 3개국을 스페인에서 독립시킨 영웅이 된다.

1822년 7월 22일 에콰도르의 과야킬 항에서 독립군 동료였던 시몬 볼리바르 장군과 밀실에서 만난 뒤 갑자기 군대 지휘관직을 그만두고 페루를 떠나 정계와 군대에서 물러났다.

밀실의 대화는 아무도 알 수 없으나 남미 3개국의 향후 운영방법 등을 이야기했을 것이라고 한다. 권력에 대한 야심이 없었던 산 마르틴 장군은 모든 것을 버리고, 아르헨티나 멘도사 농장에서 은둔생활을 했지만, 아르헨티나 중앙집권론자의 비난을 받고 46세1824에 프랑스로 망명하여 가난한 생활을 하다가 1860년 82세로 사망하게 된다.

장군의 묘는 메트로 폴리탄 성당 안에 있지만, 성당 건물을 자세히 보면 장군의 묘는 바깥쪽으로 조금 이상한 형태로 튀어나와 있다. 성당 입구 벽에 꺼지지 않는 불꽃과 독립 당시의 군복을 입고 묘를 지키는 군인들도 있다.

사막의 정복_{로카 장군}

  '하얀 아르헨티나'로 불릴 만큼 아르헨티나는 백인이 85%를 차지하고, 메소티소라는 인디오와 백인 혼혈이 11% 정도를 차지할 만큼 인디오 명맥은 거의 내려오지 않고 있다.

  이렇게 인디오 원주민이 사라지는 데에는 훌리오 아르헨티노 로카 1843~1914의 활동이 있었다. 인디오를 쫓아내고, 경제를 살린 업적으로 아르헨티나 대통령이 되었고, 100페소 지폐에 나올 정도로 위대하게 생각하는 인물로 받아들여지고 있다.

  로카 장군은 아르헨티나 남쪽인 파타고니아 지역을 정복하면서 살고 있던 원주민을 학살하고, 포로로 잡아서 칠레 쪽으로 추방시켜 버렸다. 로카 장군은 아르헨티나 사람에게 칠레와 영토경계를 확실히 하겠다고 했지만, 전쟁이라기보다는 학살에 가깝게 원주민의 땅과 가축들을 몰수했다.

  '사막의 정복_{Conquista del desierto}'의 사막은 파타고니아라는 사막 지역에 대한 의미도 있고, 문명의 혜택을 받지 못했던 불모지라는 의미를 가지고 있다.

  중앙집권제를 이루기 위해서는 지방 세력이 분열되는 것을 원치

않았는데, 통제가 이루어지지 않는 파타고니아의 원주민들이 희생되었다. 사막의 정복에서 몇천 명의 원주민이 죽고, 수만 명의 포로들이 칠레 쪽으로 쫓겨났다.

원주민들이 가지고 있던 수많은 토지와 가축들은 아르헨티나의 소유가 되었고 이 결과 농업국가로 성장하는 기반이 되었다.

원주민들의 희생이 이주민들의 번영을 가져온 것이다

영원한 에비타 에바 두아르테

에비타는 1919년 부유한 두아르테 가문의 농장주와 내연녀 사이에서 태어나, 정식 딸로 인정받지 못하고 가난한 어린 시절을 보냈다. 학창 시절부터 연극과 노래에 소질이 있었고, 15세에 부에노스아이레스로 가서 연예계로 진출한다. 남자들과 권력자를 적절히 이용해, 모델, 연극배우, 영화배우, 라디오 성우로 유명해져 20세에는 라디오 방송국까지 소유하는 등 크게 성공한다.

25세1944에 노동부장관이자 육군대령인 후안 페론을 산후안 지진을 돕는 기금 마련 행사에서 만나 동거가 시작되었다. 페론이 감옥에 들어가자 석방운동을 했고 26세1945에 정식 결혼을 하고, 1946년 영부인이 되어 '에비타'란 애칭으로 불리기 시작했다.

여성페론당을 만들어 여성에게도 투표권을 확보하는 등 여성인권 신장에 커다란 역할을 했다. 노동단체, 기업 등의 헌금으로 운영되는 에바 페론 재단을 설립하여 학교, 병원, 양로원 등을 짓고, 가는 곳마다 재봉틀과 같은 다양한 선물을 주면서 대중들의 전폭적인 지지를 받았다.

1950년 31세에 자궁암을 진단받지만 몸을 돌보지 않고 대통령 선거운동에 헌신적으로 참여하여 1951년 남편을 재선에 성공시키지만, 에비타는 1952년 33세라는 젊은 나이로 생을 마감한다.

에비타의 대중적인 인기로 방부 처리하여 미라를 만들어 계속적인 정치력을 행사하였으나, 남편이 1955년 쿠데타로 스페인으로 망명해 버렸다.

아르헨티나에 남아 있는 에비타의 미라마저 겁이 난 군부 측에서 비밀리에 시신을 이탈리아로 빼돌려졌다가, 1971년 에비타 추종세력이 에비타 시신을 빼돌린 군부측 대통령의 시신을 훔쳐서, 시신을 맞교환하는 조건으로 에비타 시신은 후안 페론 망명지인 스페인으로 돌아오게 된다.

후안 페론이 아르헨티나로 돌아오면서 미라로 보존되다가 죽은 지 24년 만에 태어날때 딸로 인정받지 못했던 레꼴레따에 있는 두아르테 가문 묘지에 묻혔다.

후안 페론Juan Perón

후안 페론은 이탈리아계 이민자이면서 의학도인 아버지와 당시 백인 사이에서 적대시했던 원주민 어머니 사이에서 1895년에 태어났다. 페론 아버지 집안에서는 동거 사실을 알게 되면서 후안 페론은 9세부터 어머니와 떨어져 살게 되었고, 16세부터 군사학교에 입학해서 장교로 복무하게 된다.

이탈리아에서 33세1929에 선생님이었던 18세 아우렐리아Aurelia와 결혼하고, 이탈리아, 프랑스, 스페인, 독일, 알바니아의 아르헨티나 대사관에서 무관으로 근무했다. 결혼 9년 만에 아우렐리아가 자궁암으로 사망한다. 48세1943에 쿠데타에 참여하여 노동부장관과 국방부장관이 되었다. 노동부장관 시절 노조와 밀접해져 지지기반을 만드는데 성공했다. 1944년 산후안 지진 참사의 이재민 구호기금 모금회에서 에비타를 처음 만나게 되고, 그해 부통령에 선임된다.

대통령 선거를 준비하면서 정치력에 위협을 느낀 다른 군부세력들에 체포되어 교도소에 갇히지만, 에비타가 이끄는 대규모 시위로 10일 만에 석방되면서 50세1945인 후안 페론과 26세인 에비타가 정식적인 결혼을 한다.

1946년 아르헨티나 대선에서 커다란 승리를 하면서 아르헨티나 29대 대통령이 된다. 집권 초기는 사회정의와 자립경제를 동시에 추구하면서 공산주의와 자본주의 냉전참여에 거부했다. 산업화, 국유화, 사회보장제도 확충에 힘을 섰다. 에비타가 죽고, 정치적 독재와 경제가 어려워져 가톨릭과 군부의 지지를 잃게 되어 9월 군사혁명으로 국외로 추방되었다.

　1956년 파나마로 망명하여 미모의 25세인 이사벨 마르티네스를 만나게 되어, 개인비서로 채용했고, 1960년 스페인으로 망명하여 65세에 이사벨 마르티네스와 3번째 결혼을 했다.

　망명지에서도 꾸준히 정치적 영향력을 행사하면서, 1973년 아르헨티나로 돌아와 77세란 나이에 3번째로 대통령에 취임하게 되지만, 고령으로 인해 부인이 대신 집무를 맡아 1974년 78세에 사망하고 아내이자 부통령인 이사벨 페론이 대통령 직위를 승계했다.

　후안 페론이 죽고 미라로 만들어 에비타의 시신과 같이 대통령궁터에 나란히 놓아 전시되다가 이사벨 페론 집권 21개월 만에 군부쿠데타가 일어나 페론은 첫 번째 부인의 묘지가 있는 차카리타 묘지로 에비타는 레꼴레따 묘지에 묻히게 된다.

아르헨티나를 치유한
마라도나

마라도나는 워낙 구설수가 많은 축구스타여서 좋은 이미지보다는 마약, 악동, 신의 손 등으로 우리에게 더 많이 알려져 있지만, 아르헨티나에서는 국가적 영웅이다. 축구의 나라인 아르헨티나라고 하지만, 마라도나가 '축구의 신'이라 불리는 뛰어난 축구선수이기 때문에 국민적인 영웅이 된 것은 아니다.

1960년 부에노스아이레스 빈민가에서 태어나 21세에 부에노스아이레스의 명문 구단인 보카주니어에서 잠깐 활약을 하다가, 22세에 유럽명문 구단인 바르셀로나로 엄청난 이적료로 이적했지만, 간염, 부상, 코카인, 집단 난투극 등으로 24세에 강제 퇴출당했다.

1984년 퇴출당해 나폴리로 이적하면서 인생의 황금기가 찾아온다. 한 번도 리그 우승을 하지 못한 팀을 11위에서 8위로 다시 3위로, 1987년에 나폴리 역사상 최초로 우승컵을 거머쥐게 되므로 27살에 나폴리에서 축구의 신으로 등극한다. 1889년에는 UEFA컵, 1990년에는 AC밀란과 붙은 결승전에서 당시 이탈리아 최고의 리그였던 세리에A 리그에서 우승하며 최고의 주가를 자랑했다.

1986년 멕시코 월드컵에서 26세란 나이로 우승을 이끌어 마라도나는 아르헨티나의 독립투사이자 영웅이 된다. 아르헨티나는 1982년 포클랜드 전쟁을 패하고 난 이후로 영국에 대한 엄청난 반감을 가지고 있었다.

아르헨티나와 영국과의 월드컵 경기 중에 첫 골을 골키퍼와 경합 도중에 손으로 넣은 것이 '신의 손' 사건이다. 첫 골을 넣고 다시 4분 후 혼자서 6명을 제치고 60m를 드리블해서 추가 골을 터뜨려 환상의 드리블을 성공시킨다. 영국이 한 골을 만회했지만 2−1로 아르헨티나 국민들이 전쟁의 복수를 해주고 싶었던 영국을 무릎 꿇게 만들었다. 아르헨티나 사람들 자존심에 상처를 입힌 포클랜드 전쟁의 복수라고 생각하고, 마라도나에게 열광하게 된다.

마라도나의 뛰어난 활약으로 1986년 월드컵에서 벨기에와 2−0, 서독과 3−2로 승리하면서 월드컵 우승과 더불어 마라도나는 월드컵 MVP의 영광을 차지하게 된다. 월드컵을 계기로 축구선수에서 아르헨티나 국민영웅이 되고, 마라도나를 믿는 종교까지 생겼다고 한다.

탱고의 황제카를로스 가르델

　우리나라에는 전혀 알려져 있지 않지만, 라틴아메리카에서는 정말 유명한 사람이 카를로스 가르델Carlos Gardel이다.

　가르델의 출생은 1886년 부에노스아이레스 혹은 우루과이에서 태어났다고 하는 설도 있고, 1887년 프랑스 툴루즈에서 태어났거나 1889년 파리에서 태어났다는 설도 있다.

　아버지는 누구인지 불분명하고 남의 집안일을 하는 프랑스계 어머니 밑에서 정규교육을 받지 못했지만, 어린 나이에 극장 기사 보조로 취직하면서 극장에서 음악, 공연의 예술세계, 극장 및 관객의 생리, 엔터테인먼트 산업을 몸으로 배우게 된다.

　21세에 기타리스트와 팀을 이루며 활약하다가 1917년 〈나의 슬픈 밤〉이란 곡이 엄청난 히트를 하게 된다. 성악을 탱고에 도입하여 '탱고 까시온'이라는 새로운 장르를 열면서 탱고가수의 전형적인 모델이 된다. 가르델의 비약적인 인기는 라디오가 보급되면서 탱고노래가 계속해서 방송되면서 높아졌다. 프랑스에서 탱고가 엄청난 히트를 치면서 저급한 문화로 치부하던 아르헨티나 문화계도 유럽사람들이 인정한 탱고를 받아들이게 되었다.

　가르델은 탱고 음악가, 바리톤 성악가, 기타 연주자, 피아노 연주자, 작사가, 작곡가, 연극배우, 영화배우로 활동했으며 탱고의 황제로 불릴 만큼 탱고를 하는 사람에게 많은 영향을 주었다. 대표적인 곡으로는 〈Mi Buenos Aires querido내 사랑 부에노스아이레스〉가 있으며, 〈여인의 향기〉라는 영화에서 알파치노가 탱고를 추는 장면에 사용되었던 〈Por una cabeza간발의 차이로〉로 우리에게도 잘 알려져 있다.

　1935년 남미순회 공연을 하던 중 콜롬비아에서 불의의 비행기 추락사고로 오케스트라 단원들과 타고 있던 모든 사람이 사망하는데 가르델 시신만 못 찾았다고 한다.

　부에노스아이레스에는 가르델의 이름을 딴 거리와 지하철역이 있고, 아직도 라디오 방송이나 TV 방송에서도 쉽게 볼 수 있다.

새로운 희망 프란치스코 교황

　최근 아르헨티나에서 가장 큰 기쁨은 아르헨티나 출신의 교황이
선출된 것이다. 교황은 '빈자들의 성자'라는 말로 칭송받았으며 교황
으로 즉위할 때 13세기 가톨릭의 변화와 청빈을 실천했던 프란치스
코를 즉위명으로 선택한 것처럼 교리적으로는 보수적이지만, 경제사
회적 불평등과 부정부패에 대해서는 날카로운 비판자이기도 하다.
　철도회사 회계사인 이탈리아계 아버지와 어머니 사이에서 1936년
에 태어났다. 부에노스아이레스 대학에서 화학을 전공하고 석사까지
마쳤으나, 22세에 신학대에 입학하여 33세에 사제직을 서품받았다.
　교황에 선출되기 전에도 요리를 직접 하고, 작은 집에서 살며, 버
스로 출퇴근했던 프란치스코 교황은 즉위 직후부터 전임자들이 신었
던 붉은색 명품 프라다 구두 대신 평소에 신던 검은색 구두를 신었
고, 교황궁 대신 바티칸 내 게스트하우스에서 지내고 있다. 자동차도
이전 교황들이 일반적으로 타던 고급 벤츠 자동차가 아닌 일반인들
이 타는 포드 중형차 포커스를 탄다.

얼마 전에는 "무신론자라 할지라도 선을 행한다면 우리가 천국에
서 함께 만나게 될 것입니다"라는 이야기로 다른 종교와의 화합과 양
심에 따른 행동을 강조한 강연으로 파격적인 행보를 하고 있다.

유럽이 아닌 다른 대륙 출신의 첫 교황으로 가난한 사람들에게 빵
을 나누어주면 인자한 성자로 불리지만 가난한 사람들을 만드는 사
회를 비판하면 좌익의 성자가 되는, 라틴아메리카 가톨릭계에 새로
운 희망을 주고 있다

식당이나 길거리의 텔레비전에서 교황의 모습을 어렵지 않게 볼
수 있다는 것은 더 좋은 세상을 꿈꾸는 아르헨티나 희망 같았다.

EPILOGUE

　돌아온 지 한 달의 시간이 지나갔다. 아르헨티나를 가기 전까지는 나에게 아르헨티나는 부정적인 이미지로 더 많았던 같다.

　"노동정책과 복지로 망해버린 나라"

　세계 5대 선진국이었다가 포퓰리즘으로 세계 4대 채무국이 된 망해버린 나라로 보는 시각이 더 많지 않을까 싶다.

　우리는 우리보다 더 못사는 나라, 잘사는 나라로 우리와 비교하기를 좋아하는 것 같다. 지금 조금 우리나라가 아르헨티나보다 잘산다고 해도, 우리는 100년 전만 해도 아르헨티나와 비교가 안 될 정도로 못살았던 나라였다.

　지금 더 잘 산다고, 우리가 더 행복하고, 생활의 질이 높을까? 가족과 만나서 이야기할 시간은 더 많을까? 마음 터놓고 이야기할 수 있는 친구가 더 많을까? 사랑을 할 때 조건을 따지지 않고, 더 열정적으로 사랑할 수 있을까?

　지구의 반대쪽에서 밤낮이 바뀌면서 돌아온 지 꽤 지났지만, 가장 힘든 시차적응과 더불어 무엇인가 다른 가치관을 적응하고 있다.

내가 본 아르헨티나는 매우 변화무쌍하고 매력이 많은 나라였다. 점점 치안이 나빠지고 있다고 하지만, 아직까지 무한한 잠재력을 가진 나라로 언제든지 찬란했던 경제선진국으로 다시 들어갈 수 있을 정도로 자원이 많다.

미래가 어떻게 될지는 모르겠지만, 탱고와 같은 춤과 노래가 있고, 아직도 수많은 서점에서 책을 읽는 여유로운 삶을 즐기고, 시골에서는 자신의 일을 천직으로 생각하면서 살아가는 아르헨티나 사람들이 리의 지구 반바퀴 너머, 지구 반대쪽에서 우리와 같이 살아가고 있다.

SPECIAL THANKS

아르헨티나 일정을 즐겁게 해 주셨던 최호진 부장님, 곽용수 차장님, 강황욱 과장님, 김현선 대리님, 임영철 박사님, 임주훈 박사님과 논문을 적으면서도 늦은 밤까지 열심히 스페인어를 교정해주신 끌라라 님께도 감사의 말씀을 드립니다.

지구 반바퀴 너머, 아르헨티나

초판인쇄 2014년 12월 30일
초판발행 2014년 12월 30일

지은이 손주형
펴낸이 채종준
펴낸곳 한국학술정보(주)
주소 경기도 파주시 회동길 230(문발동)
전화 031) 908-3181(대표)
팩스 031) 908-3189
홈페이지 http://ebook.kstudy.com
전자우편 출판사업부 publish@kstudy.com
등록 제일산-115호(2000. 6. 19)

ISBN 978-89-268-6763-1 03920

이담 Books 는 한국학술정보(주)의 지식실용서 브랜드입니다.